Sabine Koch • Rena Cornelia Lange • Eva Sommer • Tanja Wechs

Kreativ durchs Jahr
in Krippe und Kindergarten

INHALT

6 SO WIRD'S GEMACHT

10 FRÜHLING

12 Narrenfest
12 Behütet
14 Drache der Weisheit
16 Marmor-Ei
17 Ei am Stiel
18 Korb bekommen?
18 Überraschendes Ei
20 Knallhart
21 Filterfalter
22 Frühlingswiese
24 Hühnchen
25 Nachtigall
26 Festplatz für Feen
28 Herr Sumsemann
29 Zauberblume
30 Sonne säen
30 Tupfentopf
32 Für Mutti
33 Dreckspatz
34 Rapunzel

35 FRÜHLING?
KEINE ZEIT FÜR LANGEWEILE!

36 SOMMER

38 Mach mich nass!
39 Mammutstift
40 Blütenfee
42 Lass die Sonne rein!
43 Sommerkorken
44 Beachparty
46 Meine erste Uhr
47 Zauberbox
48 Bullauge mit Aussicht
49 Regenbogen-Märchen
50 Bandenhauptquartier
52 Tatort
53 Schaumschläger
54 Reif für Wimbledon
55 Schiff Ahoi!
55 Flotte Frisbee
56 Poolparty für Piepmätze

57 SOMMER?
KEINE ZEIT FÜR LANGEWEILE!

58 HERBST

60 Waldwicht

61 Alternative Energie

62 Verwandlungskünstler

64 Herbstadel

65 Schneckenpost

66 Mein Igel

67 Herbstblätterleuchte

68 Fundstücke

69 Kauz

70 Wirbelwunder

72 Knusperhaus

73 Schweinerei!

74 Was klingt gleich?

76 Geistreich

77 Dracula

78 Sugar baby

79 HERBST? KEINE ZEIT FÜR LANGEWEILE!

80 WINTER

82 Vogelfuttermännchen

83 Eispalast

84 O Tannenbaum!

85 Schneemensch

86 Einfach dufte!

87 Sternenglanz

88 Kalendarium

90 Geschenkt!

91 Nikolausstiefel

92 Denk daran!

94 Beeindruckend

94 Kurze Kerzen

96 Eiskristalle

96 Kuschelkugeln

98 Lichterglanz

98 Feuer und Flamme

100 Becherengel

100 Santa Claus

102 Knallbonbon

103 WINTER? KEINE ZEIT FÜR LANGEWEILE!

104 VORLAGEN

112 AUTORINNEN

112 IMPRESSUM

Klar, wir basteln gerne mit unseren Kindern! Im Frühling bemalen wir Ostereier, im Sommer machen wir uns tolle Spielgeräte für den Garten, im Herbst erleben wir den Wind und im Winter werkeln wir für Weihnachten. Aber wussten Sie schon, was Basteln alles kann?

Basteln ...

... trainiert Basisfertigkeiten wie Schneiden, Kleben, Formen und schult im Gebrauch von Werkzeugen

... fördert Fein- und Graphomotorik, u. a. als Vorübung zum Schreibenlernen

... präzisiert (räumliches) Vorstellungsvermögen

... unterstützt die Sprach- und Denkfähigkeit

... fördert Phantasie und Assoziationsfähigkeit, Kreativität und Originalität

... schärft Wahrnehmung und Sinne

... stärkt die Konzentrationsfähigkeit

... fördert die Ausbildung der Persönlichkeit durch Stärkung des Selbstwertgefühls

... bildet Flexibilität, Offenheit, Problembewusstsein und Frustrationstoleranz aus

... schafft einen kreativen Ausgleich zur rationalen Bildung durch Faktenwissen

... und macht einfach Spaß! Diese Gutelaunetechniken erproben wir quer durch alle Jahreszeiten, draußen und drinnen, allein und in der Gruppe. Machen Sie einfach mit, denn schon die Allerkleinsten sind gerne kreativ!

Wir wünschen Ihnen und den kleinen Künstlern ein herrliches Jahr voller Entdeckerdrang.

Ihre

Rena Cornelia Lange

Eva Sauer   *Sabine Koch*

Tanja Wechs

Basteln mit den Allerkleinsten heißt vor allem Basteln zusammen mit einem Erwachsenen. Der Erwachsene leitet das Kind an, gibt aber nur so viel Hilfestellung, wie es benötigt. Das ist selbst bei Kindern der gleichen Altersgruppe völlig verschieden. Wichtig ist, dass die Kleinen ohne Leistungsdruck und mit viel Spaß basteln dürfen: Basteln ist Gehirnjogging – es fördert die motorische Entwicklung der Kleinsten ungemein. Das macht Spaß, ist aber auch anstrengend. Außerdem können Kleinkinder beispielsweise einfach noch keine konkreten Formen wie Menschen oder Tiere malen. Wir sollten die Jungkünstler daher nicht mit unseren Erwartungen überfordern. Sie kennen Ihr Kind am besten. Also machen Sie ab und zu eine Pause – und loben Sie Ihren Sprössling auch mal!

Die mit einem Handabdruck markierten Bastelschritte können vielleicht schon von Ihrem Kind alleine oder mit nur wenig Unterstützung ausgeführt werden. Lesen Sie ihm die Anleitung langsam vor und besprechen Sie anschließend noch einmal gemeinsam, was zu tun ist.

Der Schwierigkeitsgrad einer Bastelidee zeigt an, wie viel motorisches Geschick der kleine Künstler benötigt. So sind die Abstufungen:

● ○ ○ leicht
● ● ○ mittel
● ● ● anspruchsvoll

TIPP Jahreszeiten lassen sich am besten draußen erfahren. Bereiten Sie den Ausflug in die Natur mit einer Geschichte oder einem Lied vor und sammeln Sie anschließend in einem Gespräch die Eindrücke. Die Beobachtungen können dann in das Bastelprojekt einfließen.

Aufgrund der Vielfalt in diesem Buch möchten wir Ihnen hier einen kurzen Überblick über die beliebtesten Basteltechniken für Kleinkinder bieten:

BASTELN MIT PAPIER

Vorlagen übertragen

Vorlagen übertragen Sie schnell und einfach mit Kohlepapier. Basteln Sie mit größeren Gruppen, kann es sich anbieten, mit wiederverwendbaren Schablonen zu arbeiten. Ein Transparent- oder Architektenpapier auf die Vorlage legen und alle Motivteile mit Bleistift abpausen. Das Transparentpapier auf einen dünnen Karton kleben und die Motive sorgfältig ausschneiden. Die auf diese Weise entstandenen Schablonen auf das entsprechende Papier legen und mit Bleistift umfahren.

Papier bedrucken

Papier lässt sich wunderbar gestalten – Sie können es mit Händen oder Kartoffeln bedrucken. Sehr schön sehen Sie die Umsetzung auf den Seiten 66 und 95.

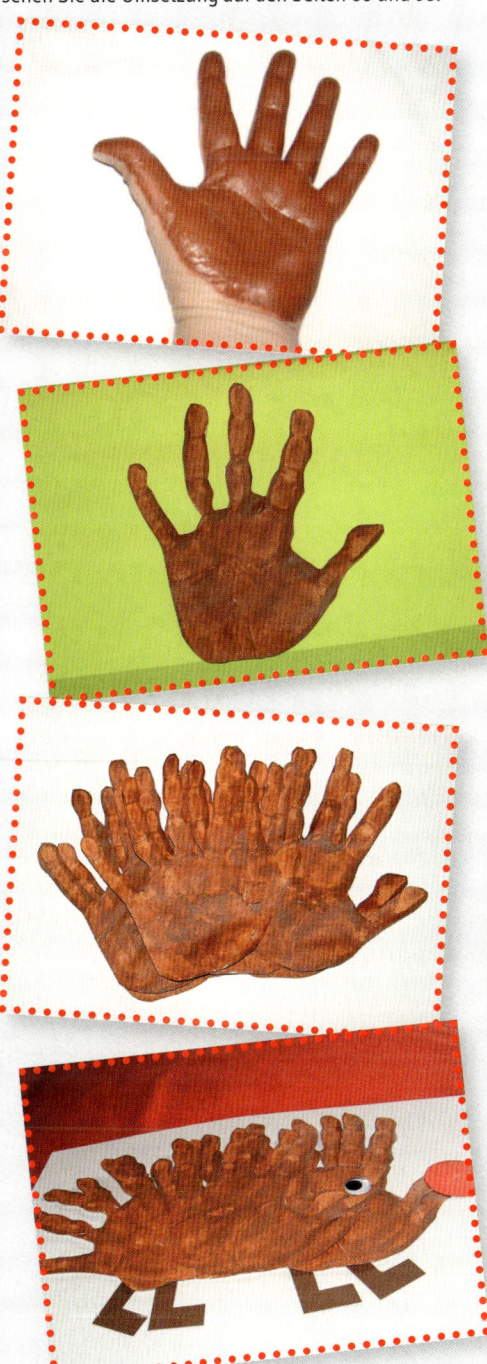

Papier knüllen

Knüllt man Papier zu kleinen Kügelchen zusammen, lässt sich damit ein hübscher Effekt erzielen. Je kleiner die Kügelchen sind, umso mehr passen auf eine Fläche. Blitzschnell kann man aus diesen Wunderkugeln ganze Bilder kleben – mit Tiefenwirkung! Die Knöllchen sehen Sie auf Seite 28.

Papier reißen

Auch die Allerkleinsten, die das Schneiden mit einer Schere oder das Prickeln noch nicht beherrschen, können schon mit Papier gestalten. Es lässt sich wunderbar in kleine Flocken reißen! Zwei Anwendungen finden Sie auf Seite 55.

Papier schneiden

Beim Schneiden sollten Sie Ihrem Kind anfangs noch helfen. Führen Sie seine Hand oder lassen Sie es an einfachen, aufgezeichneten Formen üben. Benutzen Sie eine Kinderschere. Deren abgerundete Spitzen verringern das Verletzungsrisiko, und ihre Größe ist an Kinderhände angepasst. Werden Elemente mit einem Cutter oder einer Haushaltsschere herausgetrennt, sollte dies in jedem Fall ein Erwachsener übernehmen!

Dreidimensionale Papierarbeiten

Pappe und Papier sind auch stabile Werkstoffe, aus denen sich plastische, dreidimensionale Häuser bauen lassen. Greifen Sie dabei auf vorhandene Formen zurück: Aus einem Waschmaschinenkarton, einer Bananenkiste oder einer kleinen Schachtel, die zuvor eine Verpackung war, kann Ihr Kind mit etwas Fantasie schnell etwas Anschauliches entstehen lassen. Unterstützen Sie es dabei! Eine Idee gibt es auf Seite 72.

TIPP Verwenden Sie lösungsmittelfreien Klebstoff. Er ist für kleine Kinder besonders gut geeignet, denn er lässt sich aus der Kleidung auswaschen. Noch besser eignet sich Kleister, denn er kann auch mit den Fingern aufgetragen werden.

PAPPMACHÉ

Effektvoll ist das Arbeiten mit Pappmaché. Das Papier-Kleister-Gemisch kann mit den Händen modelliert werden und kann opak oder transparent sein, je nachdem, was für ein Papier man verwendet. Ist das Pappmaché ausgehärtet, kann es bemalt werden und ist recht stabil. Ideen finden Sie auf den Seiten 12, 32, 62 und 73.

FESTE MODELLIERMASSEN

Auch das dreidimensionale Arbeiten macht Kleinkindern schon großen Spaß. Mit Gips, den man als Gipsbinde, Masse oder Flüssigkeit einsetzen kann, mit lufttrocknender Modelliermasse, Fimo® und Salzteig kann man schnell und meist ohne Brennofen tolle Figuren entstehen lassen. Einen lustigen Gipsgusshasen sehen Sie auf Seite 20.

BASTELN MIT FUNDSTÜCKEN

Das ist doch Müll!

Aus Recyclingmaterialien wie Joghurtbechern, Eierkartons, Käseschachteln und Korken lassen sich herrliche Objekte gestalten. Achten Sie darauf, dass diese Abfallelemente gut gespült sind. Dadurch werden eventuell anhaftende Keime entfernt und die Kunstwerke riechen später nicht. Schmirgeln Sie scharfe Kanten gegebenenfalls mit Schleifpapier glatt. Sehr schön ist beispielsweise das Hörmemo auf Seite 74.

HINWEIS Achten Sie darauf, dass die kleinen Bastler oder deren kleine Geschwister keine kleinteiligen Utensilien wie Holzperlen in die Hände bekommen. Hier besteht Verschluckungsgefahr! Auch Klebstoff, Scheren, Salzteig und Farben sollten nur unter dem wachsamen Auge eines Erwachsenen verwendet werden.

NATURKUNST

Naturkunst oder „Landart" ist das Basteln mit Naturmaterial im Außenraum. Ein Vorrat an Sand, Stöcken, Beeren, Steinen, Zapfen, Blättern, Blüten, aber auch Eis kann also nicht schaden. Besonders beeindruckend sind großformatige Bastelarbeiten. Man kann beispielsweise stecken, stapeln, legen, einfrieren, einbinden oder säen und wachsen lassen. Da man mit natürlichen Formen gestaltet, benötigt man fast keine Hilfsmittel – bis auf jede Menge kindlichen Spieltrieb! Eine königliche Blätterkrone können Sie beispielsweise auf Seite 64 nachbasteln.

TIPP Ein überdachter Platz im Garten eignet sich prima als Materialsammelstelle. Hier können Sie und Ihr Kind Stöcke, Zapfen oder Steine zusammentragen, bis Sie eine ausreichende Menge Ihres Rohstoffs für ein Großprojekt beisammen haben.

Zweige, Blätter und Nüsse

Mit Naturmaterialien wie Ästen, Eicheln und Zapfen kann man außerordentlich schöne Sachen basteln. Und manchmal kann man sie völlig unerwartet einsetzen: mit Pappmaché kaschiert wird ein Ast zum Tier, bemalt schnell zu Christbaumschmuck. Auf jedem Spaziergang kann man etwas Verwertbares finden! Wahre Kunstwerke finden Sie auf Seite 62.

HINWEIS Gehen Sie achtsam mit der Natur um! Nicht jedes Fundstück darf auch mitgenommen werden, denn manche Pflanzen stehen unter Naturschutz oder dienen Wildtieren als Nahrungsquelle oder Unterschlupf.

TEXTILE BASTELTECHNIKEN

Weben

Kleinkinder haben meist großen Spaß am Weben. Dazu können Stoffstreifen, Wollfäden oder Märchenwolle verwendet werden. Sollte Ihrem Kind das rhythmische Auf und Ab sehr gefallen, können Sie es mit Papierstreifen weben lassen oder ihm einen Webrahmen schenken. Erstes Weben finden Sie auf Seite 42.

GESTALTEN MIT FARBE

Vorbereitungen

Egal, ob Sie auf dem Boden oder einem Tisch arbeiten: Legen Sie die Arbeitsfläche zuvor großzügig mit alten Zeitungen oder einer Wachstischdecke aus. Wasserflecken lassen sich auch durch aufgeschnittene Mülltüten prima vermeiden.

TIPP Ziehen Sie Ihrem Kind alte Kleider oder einen Malerkittel an, damit es sich ungehemmt mit der Farbe vergnügen kann.

Farben für Kinder

Acrylfarbe, Dispersionsfarbe oder Temperafarbe können Sie für Papier, Karton und Holz beliebig austauschen. Die Farben sind in verschiedenen Größen erhältlich, wasserlöslich und lassen sich gut mischen. Passen Sie aber auf, dass Ihr Kind nicht an den Farben leckt! Selbst Farben auf der Basis von Lebensmittelfarbe sind nicht gesund. Man kann übrigens nicht nur Papier und Salzteig mit Farbe gestalten: Eine gebatikte Fahne fürs Baumhaus finden Sie auf Seite 50.

TIPP Verwenden Sie ausschließlich Farben auf Wasserbasis. Sie dünsten keine schädlichen Dämpfe aus und sind auswaschbar.

Frühling

Warten auf den Osterhasen

Mia und Leon können es kaum erwarten – bald taut der letzte Schnee, dann kommen die Krokusse raus und dann, das wissen sie genau, dann kommt der Osterhase. Aufgeregt stehen sie am Fenster und hüpfen auf und ab, um auch wirklich den ganzen Garten im Blick zu haben. Mia hüpft hoch und sieht nur einen weißen, matschigen Garten. Leon streckt sich ganz, ganz weit auf seine Zehenspitzen. Aber da ist wirklich nicht ein einziger grüner Fleck zu sehen. Da hat Mama eine Idee: Bastelt doch ein paar Frühlingsblumen, dann kommt der Osterhase bestimmt viel schneller! Klar, die Idee ist gut und schon bald sieht die ganze Wohnung aus wie eine bunte Frühlingswiese: Leon hat überall bunte Schnipsel verteilt. Und Mia hat die bunten Perlen umgestoßen, die jetzt unter dem Küchentisch herumkullern. Herrlich – alles sieht so fröhlich aus! Seltsam ist nur, dass sich Mama darüber gar nicht freut. Sie schimpft ein bisschen und schickt die beiden Künstler ins Kinderzimmer. Als sie nach ihren kleinen Rackern sieht, sind die beiden unerwartet fröhlich: „Wir spielen Osterhase", ruft Mia und hüpft fröhlich vom Bett auf den Sessel und vom Sessel zurück auf das Bett. Leon sitzt in seiner Hasenhöhle und isst eine Möhre. Es kann ja so schön sein, sich auf Ostern zu freuen.

Narrenfest

**Schwierigkeits-
grad**

● ● ●

Motivgröße

Länge 1,50 m
Höhe 15 cm

Material

🌀 Faltpapier in Blau, Rot und Grün mit weißen Punkten, 15 cm x 15 cm

🌀 Faltpapier in Blau, Rot und Grün, 7,5 cm x 7,5 cm

🌀 Wolle in Weiß, 3,50 m

🌀 Holzperlen in Beige, ø 1 cm

TIPP Diese Karnevalsdekoration kann natürlich auch ein Sommerfest oder einen Kindergeburtstag schmücken.

1 Zuerst faltest du die Faltpapiere jeweils zu einem Dreieck.

2 Ziehen Sie nun sieben Holzperlen auf einen 3,5 m langen Wollfaden auf. Die erste Perle fixieren Sie, indem Sie das eine Ende des Wollfadens gegengleich durch die Holzperle zurückziehen.

3 Anschließend klebst du das gefaltete Dreieck auf den Wollfaden. Hierzu das Dreieck öffnen und in den Falz Klebstoff geben. Den Wollfaden kannst du nun in den klebrigen Falz legen und das Papierdreieck schließen.

4 Für das Girlandenmuster immer ein kleines einfarbenes Faltpapier rechts und links von einem gepunkteten großen Faltpapier befestigen. Danach eine Holzperle vom Wollfaden zum Girlandenmuster schieben und wieder das zuvor beschriebene Muster auffädeln.

Behütet

TIPP Aus der einfachen Hutform können noch viele andere Tiere entstehen. Wie wäre es beispielsweise mit einem Frosch?

1 Bereiten Sie den Kleister zu, pusten Sie den Luftballon auf und knoten Sie ihn zu. Setzen Sie den Ballon auf eine Schüssel, so kann er nicht wegrutschen und Ihr Kind sieht die Fläche, die es bekleben soll.

2 Nun kannst du das rote Tonpapier in kleine Schnipsel reißen. Streiche nun mit einem Pinsel oder mit deiner Hand einen Abschnitt vom Luftballon mit Kleister ein und klebe die roten Papierstücke darauf, bis du den halben Luftballon zweimal mit rotem Tonpapier beklebt hast.

3 Zeichnen Sie nun die schwarzen Flächen ein.

4 Anschließend beklebst du die eingezeichneten Flächen mit schwarzen Tonpapierflocken. Alles gut trocknen lassen. Dann kannst du die Wackelaugen und die rote Pompon-Nase aufkleben.

5 Der Marienkäfermund entsteht, indem du ein Stück weißes Papier reißt und es mit Kleister aufklebst.

6 Teilen Sie vier Pfeifenputzer. Zwei der Pfeifenputzer werden über einen Bleistift gedreht. Diese Pfeifenputzer sind die Fühler des Marienkäfers und werden durch je ein Loch am Kopf befestigt. Hierzu ziehen Sie einen Fühler durch das Loch und machen am Kopfinneren einen Knoten. Die anderen sechs Pfeifenputzer sind die Beine des Käfers und werden an der Seite der Mütze zur Hälfte durchgezogen und miteinander verdreht.

Drache der Weisheit

Schwierigkeitsgrad

● ● ●

Motivgröße

Kopf 30 cm x 25 cm,
Gesamtlänge Drache
ca. 3 m

Material

- (Schuh-)Karton, 30 cm
  lang, 10 cm breit
- Tonpapier in Gelb und
  Orange, A4
- Fotokarton 60 cm x 70 cm,
  1 x in Rot, 2 x in Weiß
- 2 Styropor®- oder
  Wattekugeln, ø 6 cm
- 2 Wattekugeln, ø 2 cm
- Acrylfarbe in Rot, Rosa
  und Gelb
- 2 Rollen Krepppapier
  in Gelb
- 2 Joghurtbecher in Gelb,
  5 cm hoch
- Krepppapierstreifen in
  Rot, Gelb, Lila und Blau,
  2 cm breit
- 3 Käseschachteldeckel,
  ø ca. 10 cm
- breiter und mittlerer Bors-
  ten- oder Haarpinsel
- 2 Klebepunkte in Schwarz,
  ø 1,2 cm
- Gummikordel, ø 0,9 mm
- Wolle in Gelb
- Stopfnadel, Stecknadeln
- Lineal, Klebstoff

Vorlage

Seite 104

TIPP Kennen sich
die Kinder gut, kann
man auch ein ca. 5 m
x 1 m großes gelbes
Stück Stoff in gleich-
mäßigem Abstand
mit „Kopflöchern"
versehen, um einen
zusammenhängenden
Drachenkörper zu
bekommen. Manche
Kinder in diesem
Alter haben Angst vor
solchen „Ungetümen".
Vor dem Basteln den
Kindern den Drachen
also erst zeigen und
erklären.

Drachenkopf

1 Als erstes malst du die Schuhschachtel mit roter Farbe an und
lässt sie dann trocknen.

2 Schneiden Sie einen Fotokartonstreifen 6 cm x 70 cm in Rot und
zwei in Weiß mit denselben Maßen
zurecht. Auf den beiden weißen
Streifen wird in der Länge je ein
1,5 cm breiter Rand eingezeichnet.
Bis zu diesem Kleberand werden
Zacken für die Zähne abgeschnitten. Eine Zahnreihe wird innen um
den Rand der Schuhschachtel als
Oberkiefer eingeklebt. Die anderen
Zähne werden auf den roten Streifen geklebt, entsprechend der Maße
der Schuhschachtel gefaltet und als
Unterkiefer schräg von unten in die
Schachtel geklebt.

3 Du klebst die beiden schwarzen
Punkte auf die Wattekugeln und
klebst diese dann auf den Karton.
Die gelben Becher klebst du als
Hörner dahinter.

4 Die Wattekugeln für die Nüs-
tern malst du mit rosa Farbe an,
lässt sie trocknen und klebst sie
dann vorne an den Schachtelrand.

5 Übertragen Sie unterdessen
die große und die kleine Feuer-
schablone jeweils zwei Mal auf
das gelbe und die kleine zudem
zwei Mal auf das orange Papier
und schneiden Sie diese aus.

6 Die orangefarbenen Teile
klebst du auf die großen gelben
Wangenteile und fixierst sie unterhalb der Augen auf der Karton-
seite. Die beiden kleinen gelben
Feuerteile werden auf der Vor-
der- und der Rückseite des Schuh-
kartons aufgeklebt.

7 Schneiden Sie gemeinsam die
Krepppapierbänder auf die ge-
wünschten Längen zu. Gelbe Bänder werden als Bart innen in den
Unterkiefer geklebt. Die bunten,
längeren Bänder zwischen die Hörner einkleben.

8 Bringen Sie mit Hilfe einer
Nadel das Gummiband links und
rechts am Karton an.

Drachenkörper

1 Die Käseschachteldeckel grundierst du zunächst weiß. Nach
dem Trocknen kannst du sie dann
gelb bemalen.

2 Die Stachelschablone übertragen Sie drei Mal auf den roten
Fotokarton und schneiden sie
aus. An der Faltkante umknicken
und auf die Käseschachteln kleben.

3 Bringen Sie mit Hilfe einer Nadel das Gummiband links und
rechts am Karton an.

4 Für jedes Kind ein 1,30 m langes und 50 cm breites Stück Krepppapier abschneiden, das entspricht
einer halben Rolle. Nun den Rand
auf der gesamten Länge 3 cm um-
falzen und in großen Stichen die
gelbe Wolle durchziehen. Die Woll-
enden abschneiden und verknoten.

5 Schneiden Sie die roten Krepppapierbänder in 15 cm lange Stücke.

6 Du nimmst die roten Krepppapierstreifen und klebst sie auf
die ganze Länge verteilt, unten an
die Umhänge.

7 Den vier Kindern die Umhänge
um die Schultern hängen und den
Wollfaden vorne mit einer Schleife
zusammenknüpfen. Vorne geht das
„Kopfkind". Die anderen Kinder fassen sich an den Schultern dahinter
an (Polonaise).

Marmor-Ei

Schwierigkeits-grad

● ○ ○

Motivhöhe

ca. 6 cm

Material

- Windowcolor in Lieblingsfarben
- ausgeblasene Hühnereier in Weiß
- Schaschlikspieße
- 50 g Reis
- Tasse
- ggf. Korken
- Nähgarn in Weiß
- Streichholz

TIPP Falls das Hühnerei auf dem Schaschlikspieß rutscht, kann man es mit einer zusätzlich aufgesteckten Korkscheibe fixieren.

1 Füllen Sie mit Ihrem Kind den Reis in ein Glas oder in eine Tasse. Das Hühnerei spießen Sie auf einen Schaschlikspieß und stecken diesen senkrecht in das Glas.

2 Die Farbe trägst du oben beginnend auf das Ei auf. Sobald die Farbe am Ei herunterläuft, kannst du mit anderen Farben die noch weißen Stellen ausmalen. Die überschüssige Farbe tropft auf den Reis und kann nach dem Trocknen der Farbe einfach weggebrochen werden.

3 Zum Aufhängen halbieren Sie ein Streichholz, verknoten den Nähfaden gut daran und führen ihn in das obere Loch ein. Das Hölzchen zuletzt noch quer stellen.

Ei am Stiel

1 Damit die ausgeblasenen Eier nicht verrutschen, werden sie zwischen zwei Schnipsgummis auf einen dünnen Holzspieß aufgesteckt. Lösen Sie die Färbetabletten nach Packungsanleitung mit Essig und Wasser in verschiedenen Schüsseln auf.

2 Nimm das Teelicht aus seiner Hülle und bemale dein Ei damit. Sei vorsichtig, damit es nicht zerbricht. Überall, wo das Wachs sitzt, nimmt das Ei keine Farbe an. Diese Stellen bleiben später weiß.

3 Nun darfst du deinen Osterstab in die Farbe tauchen, z. B. in Blau. Damit die Farbe kräftig genug wird, solltest du deinen Osterstab mindestens 6 Minuten lang untertauchen.

4 Jetzt kannst du schon die ersten weißen Spuren entdecken. Wenn die Oberfläche getrocknet ist, bemale das Ei auf den blauen Stellen noch einmal mit Wachs. Diese Stellen bleiben blau. Dann tauche dein Ei in eine neue Farbe, z. B. in Grün.

5 Wenn dir dein Muster gefällt, stecke den Stab zum Trocknen in das spitze Näpfchen des Eierkartons.

6 Zum Schluss bringst du mit einem anderen Holzspieß noch Acrylfarbe-Pünktchen auf. Lass das Ei wieder gut trocknen. Dann stecke oben eine kleine Perle auf – fertig ist dein Osterstab. Hübsch sieht er zwischen Blumen aus.

Schwierigkeitsgrad
● ● ●

Motivhöhe
ca. 20 cm

Material
- Schaschlikspieße
- Schnipsgummis
- Holzperlen, ø 8 mm
- ausgeblasene Eier
- Ostereierfarben (für Kaltfärbung)
- Essig
- 2-3 Schüsseln
- Teelicht
- Acrylfarbe in Lieblingsfarben
- Mischpalette
- Wasserbecher
- Küchenpapierrolle
- leerer Eierkarton

TIPPS Sie können Eier auch natürlich färben, z. B. mit getrockneten Kräutern. Einfach 4 Esslöffel gemischte Kräuter in heißes Wasser streuen und die rohen Eier 20 Minuten im Kräutersud kochen. Nach dem Kochen sind die Eier gelbgrün.

Auch schön ist die Abklebetechnik. Dazu kleine Klebebandschnipsel auf ein rohes Ei kleben und das Ei 20 Minuten wie im oberen Tipp beschrieben mit Kräutern kochen. Unter kaltem Wasser abkühlen und die Klebeschnipsel abziehen – sie erscheinen weiß auf gelbgrünem Grund.

Korb bekommen?

Schwierigkeitsgrad

● ● ●

Motivgröße

13 cm x 8,3 cm x 8,3 cm

Material

- 1-2 Rollen Gips, 6 cm x 3 m
- Wasserschale
- Quarkbecher
- Lineal
- Pappstreifen, ca. 1,5 cm x 20 cm
- Schere
- Plastikkörbchen (z. B. von Physalisfrüchten), 8 cm x 8 cm
- Acrylfarben in Weiß und Lieblingsfarben
- dünne und breite Haar- und Borstenpinsel
- Zeitung
- Kreppklebeband
- Ostergras

1 Breiten Sie die Zeitungsunter-lage auf dem Tisch aus und fül-len Sie die Schale mit lauwarmem Wasser.

2 Für den Henkel schneiden Sie den Pappstreifen an den beiden Enden auf 0,9 cm zu, damit er durch die Öffnungen des Plastikkörbchens passt. Führen Sie ihn an zwei gegen-über liegenden Löchern hindurch und fixieren Sie die herausstehen-den Enden mit Kreppklebeband.

3 Schneide kleine Streifen von der Gipsrolle ab. Sie sollten etwa so lang wie dein Zeigefinger sein.

4 Tauche immer nur einen Gips-streifen kurz in lauwarmes Wasser und lege ihn leicht überlappend über die Kanten des Plastikkörb-chens. Immer gut mit den Fingern glatt streichen. So umhüllst du Stück für Stück dein Körbchen.

5 Das Auskleiden der Innensei-ten des Körbchens übernehmen Sie. Sichern Sie auch den Henkel an beiden Seiten mit zwei zusätzlichen Gipslagen.

6 Vergiss nicht, den Boden ein-zugipsen. Dann stellst du dein Körb-chen auf einen leeren Quarkbecher, damit es nicht anklebt. Zum Schluss umwickelst du noch den Henkel Streifen für Streifen. Das Körbchen ist fertig, wenn außen und innen je-weils eine Schicht Gips angebracht wurde. Über Nacht trocknen lassen.

7 Male das Körbchen mit einem breiten Borstenpinsel komplett weiß an. Lass es 30 Minuten trock-nen.

8 Nun kannst du dein Körbchen nach Lust und Laune anmalen, z. B. mit bunten Farbflecken, Blumen, Mustern oder Ostereiern. Die Blu-men auf unserem Körbchen sind mit dem Zeigefinger und einem Pinselstiel aufgedruckt.

9 Befülle das Körbchen mit Os-tergras – jetzt kann der Osterhase kommen!

Überraschendes Ei

1 Rühren Sie etwas Kleister an und lassen Sie ihn quellen. Dann blasen Sie den Luftballon auf und verknoten ihn.

2 Nun reißt du das gelbe oder das pinke Tonpapier in kleine Flo-cken. Danach reibst du mit der Hand eine kleine Fläche vom Luft-ballon mit Kleister ein und legst die Papierstücke darauf, sodass sie gut am Ballon anliegen. Hast du den Ballon mit dem gesamten Ton-papier beklebt, lässt du ihn gut trocknen.

3 Anschließend schneiden Sie den Luftballonknoten ab.

4 Der Ballon fängt an zu schrumpfen und du kannst ihn an der Öffnung entfernen.

5 Wo zuvor der Luftballon-knoten war, wird der Ballon rundherum von einem Erwach-senen abgeschnitten. Helfen Sie Ihrem kleinen Künstler dabei, Zacken einzuschneiden. Schon kann das Osterei mit Ostergras ausgekleidet und für den Oster-hasen bereitgestellt werden.

Schwierig-keitsgrad

● ● ●

Motivhöhe

20 cm

Material

- Luftballon
- Tonpapier in Gelb oder Fuchsia, 70 cm x 50 cm
- Kleister
- Ostergras

Knallhart

**Schwierigkeits-
grad**

● ○ ○

Motivgröße

Hase 13 cm
Ei 9 cm

Material

- Backform Hase und Ei
- Gips
- Schneebesen
- Plastikgefäß
- Acrylfarbe in Gelb, Weiß, Schwarz, Hell- und Dunkelbraun, Fuchsia und Rotlila
- Pinsel in zwei verschiedenen Größen
- Palette oder Pappteller

TIPP Damit sich das Anrühren von Gips lohnt, kann man zusätzlich Ausstecher mit Oster- oder Frühlingsmotiven verwenden. Dafür wellt man Knete ca. 2 mm dick aus, befeuchtet sie mit Wasser und drückt die Ausstecher hinein. Dann lassen sich auch diese Formen mit Gips ausfüllen und später bemalen.

1 Rühren Sie in einem alten Plastikgefäß die benötigte Menge Gipsmasse nach Packungsanweisung mit einem Schneebesen an. Da der Gips schnell trocknet, sollten die Küchengeräte sofort im Anschluss gesäubert werden.

2 Jetzt kannst du die Masse in die Backformen füllen. Nach etwa 15 bis 20 Minuten wird der Gips fest und lässt sich aus den Formen nehmen. Anschließend den Hasen und das Ei ca. 2-3 Tage trocknen lassen.

3 Mit einem Pinsel und deinen Lieblingsfarben kannst du Hase und Ei bemalen. Auf dem Pappteller kannst du Farben mischen. Wenn die Farbe getrocknet ist, kannst du „Ausrutscher" immer wieder übermalen.

Filterfalter

1 Beginnen Sie damit, die Holzbeize nach Angaben des Herstellers in Wasser anzurühren.

2 Du faltest die Filtertüte drei Mal in der Breite zusammen.

3 Nun tauchst du deine Filtertüte kurz mit einem Zipfel in die hellste Farbe. Nach dem Herausnehmen die Farbe noch kurz fließen lassen.

4 Den Vorgang mit noch einer oder zwei Farben wiederholen. Wenn du möchtest, kannst du außerdem ein Wattestäbchen in eine Farbe tauchen und damit Punkte auf das Filterpapier setzen. Für jede Farbe ein neues Stäbchen verwen-

den. Weiße Stellen lassen! Das gibt interessante Muster und sieht freundlicher aus. Nicht so viele Farben verwenden, sonst wird der Schmetterling zu dunkel. Tüte auffalten und trocknen lassen.

5 Fertigen Sie unterdessen eine Schablone des Schmetterlingsflügels und des Körpers an: Den Flügel und den Körper auf die Tüte auflegen und mit Bleistift umfahren.

6 Mit einer Kinderschere kannst du nun den Schmetterling ausschneiden. Dann klappst du die Flügel auf und streifst diese aus. Auch der Körper wird ausgeschnitten und in der Mitte des Schmetterlings aufgeklebt.

7 Sie sind Fühlerbeauftragter: Schneiden Sie zwei schmale Streifen vom Tonpapier ab und fixieren Sie diese mit dem Klebestift am Kopf des Falters.

Schwierigkeitsgrad
● ● ○

Motivhöhe
15 cm

Vorlage
Seite 105

Material
- Kaffeefiltertüten in Weiß (Gr. 1x4)
- Tonpapierrest in Schwarz
- Holzbeize in Gelb, Rot und Blau
- Wattestäbchen
- Klebestift

TIPP Die Ostereier werden in gleicher Weise gefertigt. Es ergeben sich je Tüte und Färbung gleich zwei Stück, so kannst du eines behalten und das andere verschenken.

21

Frühlingswiese

TIPP Statt Ölkreiden können Sie alternativ auch Wachsmal- oder Pastellkreiden verwenden. Die Farbintensität ist dann natürlich eine andere.

1 Du stellst auf einer Malunterlage deine Ölkreiden, das weiße Tonpapier, Prägestanzer und deine Kinderschere bereit. Das erste Blatt bemalst du mit grünen Kreiden kreuz und quer.

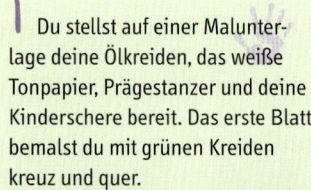

2 Das zweite Papier malst du mit Farbkreiden in Gelb, Rot, Pink, Violett und Orange an, bis kaum noch ein weißer Fleck zu sehen ist.

3 Übertragen Sie die Spirale von der Vorlagenseite auf die Rückseite des grünen Papiers und schneiden Sie diese mit Ihrem Kind aus.

4 Aus dem zweiten Farbbild kannst du beliebig viele, bunte Blumen ausstanzen und auf die grüne Spirale kleben.

5 Zuletzt fädeln Sie das Satinband in die Nähnadel, stechen von unten mittig durch die Spirale, machen eine Schlaufe und nähen dicht neben dem Einstichloch zurück. Die Enden werden auf der Rückseite verknotet, die Blumenwiese aufgehängt und schon kann der Frühling bei Ihnen Zuhause Einzug halten.

Schwierigkeitsgrad
● ● ●

Motivgröße
ø ca. 25 cm, aufgehängt ca. 40 cm lang

Vorlage
Seite 108

Material
- 2 Bögen Tonpapier in Weiß, A4
- Ölkreide in verschiedenen Grün- und Rottönen
- Prägestanzer Blume, ø 2,5 cm
- 40 cm Satinband in Hellgrün, 0,4 cm breit
- Nähnadel, spitz (z. B. Größe 18)
- UHU Alleskleber

Hühnchen

T.I.P.P. Wer model-
liert Mama Huhn?
Außerdem sehen
ein paar bunte
Fimo®-Blumen
auf dem Hühner-
hof prima aus.

1 Teile einen gelben Fimo®-Block
in drei Teile. Ein Drittel formst du zu
einer Kugel und die anderen zwei
Drittel zu einer zweiten. Den zweiten gelben Fimo®-Block halbierst
du. Eine Hälfte legst du zur Seite.
Nun teilst du die andere Hälfte in
drei gleich große Teile und machst
wieder eine große und eine kleine
Kugel daraus.

2 Setze die Kugeln übereinander.
Die große Kugel ist der Körper des
Kükens, die kleine Kugel der Küken-
kopf.

3 Sie formen die Füße und den
Schnabel. Hierzu wenig orange-
farbene Fimo®-Masse, ca. 5-6 g,
zu acht Kügelchen formen und zwischen zwei Fingern leicht zusammen drücken. Zwei Plättchen unter
den Körper der Küken legen und
leicht andrücken. Dann zwei orange
Fimo®-Teile übereinander legen
und an einer Stelle leicht zusammendrücken. Als Schnabel in die
Mitte des Kopfes stecken.

4 Die Fimo®-Hälfte, die du bei-
seite gelegt hast, wird geteilt. Eine
Hälfte zu einer langen Schlange
rollen und in zwölf Teile schneiden. Lege je sechs Teile an einem
Ende zusammen, sie werden das
Schwänzchen des Kükens. Am Kü-
kenpo andrücken.

5 Aus dem letzten Stück Fimo®
rollst du zwei gleichgroße Kugeln.
Drücke immer eine Kugel leicht zusammen. Ein Erwachsener zieht
das Zusammengedrückte etwas
auseinander und befestigt die Flügel rechts und links am Körper.

6 Der Hahn entsteht aus 56 g
braunem Fimo®. Der Körper besteht aus 2/3 und der Kopf aus 1/3
des Fimo®-Blocks. Er wird nach
gleicher Art und Weise wie die Küken geformt. Für den Schwanz des
Hahns werden verschieden-
farbige Fimo®-Reste ausgerollt,
wie bei den Kükenschwänzchen.

7 Sie machen die filigrane Arbeit:
Die Augen bestehen aus winzigen
schwarzen Kugeln. Der Hahn hat einen Hahnenkamm, der aus etwa
5 g geformt wird.

8 Nun die Hühnerfamilie in den
Backofen stellen und bei 110 °C
30 Minuten backen.

Nachtigall

1 Markieren Sie auf der Rückseite der Tasche 1,5 cm vom Rand im Abstand von 3 cm jeweils neun Löcher mit dem Bleistift.

2 Ein ca. 50 cm langes Stück Kordel wird auf die Nadel gefädelt.

3 Bohren Sie direkt vor jedem Einstechen mit der kleinen spitzen Schere ein kleines Loch, sodass Ihr kleiner Schneider leicht mit der Nadel einstechen kann. Oben an der Tasche beginnen.

4 Den ersten Stich senkrecht von oben einstechen. Bei den folgenden Stichen stichst du von der Rückseite zur Vorderseite ein, steckst vorne eine oder zwei Perlen auf und fä-

delst die Nadel von der Rückseite nach vorne bis zum unteren Taschenrand. Unten ein handlanges Stück Kordel stehen lassen, zwei Perlen auffädeln, verknoten, nach einem weiteren handlangen Stück abschneiden und das Kordelende ausfransen. Mit der anderen Seite genauso verfahren.

5 Ein ca. 40 cm langes Stück Kordel abschneiden und an einem Rand mit einem Stich an einem vorgebohrtem Loch befestigen.

6 Du bist wieder dran: Perle auffädeln, Knoten machen, und weitere drei Perlen auffädeln. Diese jeweils mit Knoten fixieren, damit die Perlen nicht weiterrutschen.

7 Die Kordel auf gleicher Höhe an der gegenüberliegenden Seite mit einem Stich fixieren. Die Kordel sollte etwas durchhängen. Den Rest der Kordel abschneiden.

8 Sie übertragen nun die Vogelvorlage auf Filz und schneiden ihn aus.

9 Du fixierst den Piepmatz mit Klebestift auf der Tasche.

10 Nähen Sie abschließend dem Vogel eine Perle als Auge auf.

TIPP Wer lieber Fische als Vögel mag, kann die Nachtigall ersetzen. Dann sehen Holzperlen in Blau- und Grüntönen hübsch aus, fast wie Blubberblasen.

Schwierigkeitsgrad

●●○

Motivgröße
24 x 27,5 cm

Material
- Stofftasche, natur, 24 cm x 27,5 cm
- 30 Holzperlen in verschiedenen Rosatönen, ø 12 mm
- Bastelfilzrest in Pink
- Kordel in Weiß, ø 2 mm, ca. 2 m lang
- Stopfnadel mit großem Öhr
- kleine spitze Schere
- Klebestift

Vorlage
Seite 108

Festplatz für Feen

Schwierigkeitsgrad
● ○ ○

Motivgröße
ø ca. 1 m

Material
- ca. 60–70 kurze Aststücke
- Frühlingsblumen, z. B. Gänseblümchen
- Moos
- Gartenschere

1 Bei einem Waldspaziergang sammelst du schöne Äste, Blumen, Moos und Blätter.

2 Kürzen Sie mit der Gartenschere alle gesammelten Aststücke auf ca. 25 cm.

3 Damit Ihr Kind die Aststücke ganz leicht in den Boden stecken kann, sollten Sie gemeinsam einen geeigneten Sandplatz suchen. Wenn dieser gefunden ist, kann der Kreis aus Ästen gesteckt werden. Sie können im Sand mit dem Finger einen Kreis vorzeichnen, das erleichtert ihrem Kind die Aufgabe. Lassen Sie eine Öffnung im Kreis, er dient als Zugang zum Festplatz.

4 Der fertig gesteckte Festplatz wird mit Moos ausgelegt und mit Gänseblümchen bestreut. Wenn du gerne Blumen pflückst, kann der Festplatz natürlich auch bunt mit allen blühenden Frühlingsblumen bestreut werden.

TIPP Blüten preisen die Schöpfung: Oft sieht man Blütenteppiche zu Fronleichnam in den Kirchen. Gehen Sie diese doch mit Ihren Kindern besichtigen – anschließend legt der kleine Florist sicherlich gerne ein buntes Blütenmandala oder eine Sonne aus gelben Blütenblättern.

Herr Sumsemann

Schwierigkeitsgrad
● ○ ○

Motivgröße
13 cm

Material
- 2 Bierdeckel
- 2 Musterklammern
- 2 Holzperlen, ø 8 mm
- Bleistift
- Kinder- und Haushalts-schere
- Tonpapierrest in Türkis und in Orange
- UHU Alleskleber
- schwarze Acrylfarbe
- Krepppapierrest in Türkis
- Pinsel, Wasserbecher, Palette
- dicke Nähnadel
- Pfeifenputzer in Pink, ca. 14 cm lang

TIPP Der Käfer kann auch komplett mit Acrylfarbe bemalt werden. Zeigen Sie Ihrem kleinen Zoologen Kartoffel-, Mai-, Marien- und Junikäfer, sodass Ihr Kind Käfer nach dem Vorbild der Natur gestalten kann.

1 Übertrage mit Hilfe des Bierdeckels, den du als Schablone verwenden kannst, jeweils zwei Bleistiftkreise auf orangefarbenes und türkisfarbenes Tonpapier.

2 Schneide mit der Kinderschere alle vier Kreise aus und beklebe den einen Bierdeckel hinten und vorne mit orangefarbenem, den anderen mit türkisfarbenem Tonpapier.

3 Mit der Haushaltsschere teilen Sie den türkisen Bierdeckel genau in der Mitte durch. Dann schneiden Sie an beiden Flügeln oben jeweils noch ein kleines Dreieck weg.

4 Male deinen Käfer auf einer Seite mit schwarzen Streifen an. Während die Streifen trocknen, beklebst du die beiden türkisfarbenen Flügel mit Kügelchen aus Krepppapier: Dazu knüllst du kleine Papierstückchen zwischen Daumen, Mittel- und Zeigefinger zusammen.

5 Jetzt sind die Fühler dran: Bohren Sie mit der Nähnadel kleine Löcher in den oberen Teil des gestreiften Bierdeckels. Schneiden Sie den Pfeifenputzer in zwei gleich lange Stücke und führen diese durch die Löcher. Hinten etwas verzwirbeln und an den oberen Enden jeweils noch eine Perle aufstecken.

6 Entsprechend gehen Sie auch bei den Flügeln vor: Drücken Sie Flügel und Körper mit Daumen und Zeigefinger zusammen und bohren Sie beide Deckel auf einmal durch. Dann die Löcher noch etwas erweitern, sodass die Musterklammern gut hindurch passen.

7 Die Füße der Klammern biegst du hinten um – und schon kann dein Frühlingskäfer abheben!

Zauberblume

1 Setzen Sie zuerst etwas Kleister an. Schneiden Sie pro Blume ein spitzes Näpfchen aus einem Eierkarton. Das wird der Blütenkelch. Trennen Sie danach an jeder Seite des Näpfchens noch ein kleines Dreieck heraus, so wirkt der Kelch natürlicher.

2 Male das spitze Näpfchen in Maigrün an und lasse es gut trocknen.

3 Inzwischen fädeln Sie zwei hellgrüne Pfeifenputzer durch die Perle. Die Perle soll genau in der Mitte sitzen. Dann biegen Sie alle Stränge nach unten und verkeilen den dritten, dunkelgrünen Pfeifenputzer mit den beiden anderen direkt unter der Perle.

4 Nun verflechten Sie jeweils zwei Pfeifenputzer mit den beiden anderen Paaren. Biegen Sie das Ende so um, dass keine Verletzungsgefahr mehr besteht.

5 Bohre mit der Prickelnadel ein Loch in den Boden des Kelchs und führe den Stängel vorsichtig mit Hilfe eines Erwachsenen von oben durch das Loch. Die Perle sorgt dafür, dass der Stängel nicht hindurchrutscht.

6 Schneiden Sie in der gewünschten Farbe einen 68 cm x 12 cm großen Streifen aus dem Krepppapier. Verwenden Sie dafür ein Lineal oder eine entsprechend lange Holzleiste. Knicken Sie den Streifen auf 34 cm Breite, dann noch zweimal bis zu einer Breite von 8,5 cm. Zeichnen Sie mit Bleistift einen runden Bogen oben auf das Krepppäckchen.

7 Schneide mit der Schere das markierte Stück ab. Links und rechts unten schnippelst du zwei kleine Ecken weg. Alles vorsichtig auseinander falten: Fertig ist das Blütenblätter-Leporello.

8 Zupfen Sie den Blütenstreifen Stück für Stück zu einem Sträußchen zusammen.

9 Tauche nun den Pinsel in den Tapetenkleister und streiche den grünen Kelch innen dick mit Kleister ein.

10 Setzen Sie das Blütensträußchen in den Kelch und drücken Sie es gut an. Biegen Sie die Blütenblätter etwas nach außen.

11 Nimm den kleinen Pfeifenputzer in Pink, biege ihn zu einer Schlaufe und verzwirble die beiden Enden. Mit dem zweiten Plüschdraht machst du es genauso. Verkeile beide Schlaufen miteinander und drücke sie mit den Spitzen nach oben in die Blüte – das sind die Staubgefäße. Wetten, dass sich deine Mutter über solch eine zauberhafte Märchenblüte riesig freut?

TIPP Aus vielen solcher Zauberblüten kann man einen bunten Strauß zum Muttertag binden. Auf die Blüten kann man ein bisschen Parfum sprühen, dann duften sie.

Schwierigkeitsgrad
● ● ○

Motivgröße
33 cm

Material
- Eierkarton
- Perle, ø 8 mm
- Prickelnadel
- Acrylfarbe in Maigrün
- Haarpinsel
- Lineal, 70 cm lang oder Holzleiste
- Kleister
- Mallappen
- Chenilledraht, 2 x Hellgrün, 1 x Dunkelgrün, jeweils 49,5 cm lang
- 2 Chenilledrähte in Rosa, jeweils 8 cm
- Krepppapier in verschiedenen Farben

Vorlage
Seite 106

Sonne säen

TIPP Je nachdem, was man gerne mag, kann man in den Tontöpfen natürlich auch andere Blumen oder beispielsweise Tomaten ansäen und wachsen lassen.

Schwierig-keitsgrad

● ○ ○

Motivhöhe

5 –10 cm

Material

- Tontöpfe in verschiedenen Größen (5 cm bis 10 cm)
- Wachsmalkreiden
- Kreppklebeband
- Erde
- Sonnenblumenkerne

1 Schneiden Sie Streifen oder Quadrate des Malerkreppbandes ab und lassen Sie Ihr Kind diese auf die Tontöpfe kleben. Die Tontöpfe können mit Querstreifen, Längsstreifen oder mit Punkten beklebt werden.

2 Deinen beklebten Blumentopf kannst du nun kreuz und quer mit Wachsmalkreiden bemalen. Wenn du fertig bist, ziehst du die Kreppbandstücke ab.

3 Füllen Sie die Erde bis zur Hälfte in die Tontöpfe.

4 Du drückst einen Sonnenblumenkern in die Erde und gibst noch etwas Erde darüber. Alles gut festdrücken und regelmäßig gießen, dann kannst du schon nach wenigen Tagen die ersten Knospen aus der Erde herauswachsen sehen.

Tupfentopf

TIPP Stellen Sie den Topf mit einer passenden Pflanze aufs Fensterbrett. Besonders schön sieht der Tupfentopf mit einem kleinen Bubikopf aus.

1 Zuerst klopfst du die Modelliermasse weich. Dazu haust du sie viele Male auf den Tisch.

2 Nun legst du über einen Tontopf ein mit Wasser getränktes Tuch.

3 Rollen Sie die Modelliermasse mit einem Nudelholz etwa 20 cm x 20 cm breit aus.

4 Jetzt legst du die Modelliermasse über das nasse Tuch und drückst den Ton leicht an. Lass den Ton über Nacht trocknen.

5 Sie nehmen den Blumenübertopf von dem Tontopf.

6 Anschließend kannst du ihn bemalen und mit Klebepunkten versehen. Schön ist beispielsweise ein weißer Übertopf mit roten oder ein roter Übertopf mit weißen Punkten.

7 Zum Schluss kannst du den Blumenübertopf innen und außen mit Klarlack lackieren, sodass er wirklich wasserfest ist.

Schwierigkeits-grad

● ○ ○

Motivgröße

10 –12 cm

Material

- 500 g lufttrocknende Modelliermasse pro Übertopf
- Tontopf, ø 7 cm
- feuchtes Tuch, 20 cm x 20 cm
- Acrylfarbe in Rot und Weiß
- Klebepunkte in Rot und Weiß, ø 1 cm
- Klarlack

Für Mutti

TIPP Es müssen nicht so viele Herzen sein. Auch nur eines in der Schüsselmitte sieht hübsch aus. Auch kann die tolle Schüssel mit lauter kleinen, ausgestanzten Motiven beklebt werden.

1 Tapetenkleister aus zwei Esslöffeln Tapetenkleisterpulver und ½ l Wasser anrühren.

2 Reiße das Universalpapier und das Zeitungspapier in kleine Flocken und lege diese Schnipsel auf zwei verschiedene Häufchen.

3 Kleiden Sie die Schüssel innen mit Frischhaltefolie aus.

4 Mit dem Pinsel streichst du flächendeckend Tapetenkleister auf die Folie. Dann legst du eine Lage weiße Papierschnipsel dicht aneinander auf die gesamte Innenfläche.

5 Nun streichst du erneut Tapetenkleister über alles und legst die Zeitungspapierschnipsel darüber. Der Vorgang mit dem Zeitungspapier und Kleister wird insgesamt sechsmal wiederholt. Die letzte Schicht ist wieder aus weißem Universalpapier.

6 Nun muss die Schüssel gut durchtrocknen. Das dauert ein bis zwei Tage.

7 Sie holen die Pappschüssel aus der Form und schneiden den Schüsselrand gerade.

8 Nun malst du die Schüssel innen und außen weiß an und lässt sie trocknen.

9 Unterdessen übertragen Sie die Herzen von der Vorlagenseite auf die Transparentpapiere und schneiden diese dann zusammen mit dem Kind aus.

10 Die Schüssel wird innen noch einmal mit Kleister ausgestrichen und die Herzen werden aufgeklebt.

Dreckspatz

1 Stellen Sie einen Topf mit Wasser auf den Herd.

2 Nun kannst du zusammen mit einem Erwachsenen die Glyzerinseife in kleine Stücke schneiden und in ein Glas geben. Das Glas stellst du in den Topf und lässt die Seife im Wasserbad schmelzen.

3 Achten Sie darauf, dass die Glyzerinseife nicht kocht! So wird das Glas nicht zu heiß. Zur Sicherheit kann das Kind Winterhandschuhe tragen, so sind die Topflappen schon fixiert.

4 Ist die Seife flüssig, kannst du ein paar Tropfen Seifenfarbe dazugeben und mit einem Schaschlikspieß umrühren. Du kannst auch ein paar Tropfen Seifenduftöl in die Masse spritzen, dann riecht die Seife fein.

5 Anschließend nimmst du das Glas aus dem Topf und füllst die Gießformen.

6 Nach etwa einer Stunde ist die Seifenmasse abgekühlt und du kannst die Seifen aus der Form nehmen und verschenken.

TIPP Hat man den Dreh einmal raus, dann kann man die tollsten Glyzerinseifen gießen: Opak oder transparent, mit Glimmer, bunten Flocken oder eingegossenen Muscheln. Außerdem gibt es ganz verschiedene Düfte.

Schwierigkeits-grad

Motivgröße
ø 5–7,5 cm

Material
- Glyzerinseife, opak
- Gießform (Herzen)
- Seifenfarbe in Rot und Grün
- Marmeladenglas
- Topf
- Schaschlikspieß
- ggf. Duftöl (Rose) und Glimmer

Rapunzel

1 Du steckst eine Wattekugel auf den Zahnstocher und malst sie mit der hellsten Farbe an. Die Farbe gut trocknen lassen.

2 Mit dem Fotokleber malst du nun Linien oder Punkte auf die Kugel.

3 Nachdem der Kleber vollständig getrocknet ist, übermalst du die Kugel mit einer dunkleren Farbe. Die Wattekugel muss jetzt trocknen.

4 Dann rubbelst du den Fotokleber wieder ab.

5 Nun pinselst du den Klarlack über die Kugel und lässt sie trocknen.

6 Ziehen Sie das Gummiband mit der Nadel durch eine Kugel und verknoten Sie es unterhalb derselben. Dann wird die andere Kugel aufgefädelt und in ca. 5 cm Abstand verknotet. Die beiden Gummienden miteinander durch einen Knoten verbinden.

Schwierigkeitsgrad

● ● ●

Motivgröße
ca. 6 cm

Material
- 2 Wattekugeln, ø 2 cm bzw. 2,5 cm
- Acrylfarbe in Weiß, Gelb, Rot, Hellgrün und Blau
- Elastikkordel in Weiß und Braun, ø 1,5 mm, 25 cm lang
- Fotokleber
- Stopfnadel mit großem Öhr
- mittlerer Haarpinsel
- Klarlack
- Zahnstocher

Schatzsucher

Die meisten Kinder sind vom Ostereiersuchen ganz begeistert. Aber es müssen nicht immer süße Kleinigkeiten sein, die man sucht: Lassen Sie die kleinen Entdecker etwas Weiches, etwas Kaltes, etwas Glattes oder etwas Salziges suchen. Wer bringt zuerst das Richtige?

Frühlingsforscher

Im Frühling können schon die Jüngsten experimentieren: Jedes Kind bekommt ein Symbol zugeteilt, das man aus Heftpflaster ausgeschnitten hat. Das klebt das Kind auf ein Blatt. Zieht es nach ein bis zwei Wochen das Heftpflaster ab, hat es das Blatt tätowiert. Die Pflanze konnte an dieser Stelle kein Chlorophyll bilden und hat sich daher gelb verfärbt. Das Blatt kann man pressen und verschenken. Später im Jahr klappt das übrigens auch mit Äpfeln.

Wald- und Wiesentag

Im Frühling bietet es sich an, im Wald aus Moos und Zweigen kleine Nester für den Osterhasen zu bauen. Die kleinen Nester sollten natürlich beim nächsten Besuch dort auch gefüllt sein.

ALLE SINGEN GEMEINSAM

Häschen in der Grube
Text: Friedrich Wilhelm August Fröbel

1. (Kinder bilden einen Kreis, ein Kind sitzt in der Kreismitte)
Häschen in der Grube saß und schlief
(Kind wiegt sich sacht)
armes Häschen bist du krank,
dass du nicht mehr hüpfen kannst?
(alle streicheln das Häschen)
Häschen hüpf! Häschen hüpf! Häschen hüpf!
(Häschenkind versucht anderes Kind zu fangen – alle dürfen nur hüpfen)!

2. Häschen, vor dem Hunde hüte dich, hüte dich.
(mit erhobenem Zeigefinger wackeln)
Hat gar einen scharfen Zahn,
(Zähne blecken)
packt damit mein Häschen an.
(die Hände zu Krallen machen)
Häschen lauf, Häschen lauf, Häschen lauf!
(Das Kind aus der Mitte fängt Kreiskinder, alle rennen)

Tierkinder

Gehen Sie doch mit Ihrem kleinen Tierfreund zum örtlichen Kleintierzüchterverein. Dort kann man die Tierkinder ansehen und sich den Unterschied zwischen Hase und Kaninchen erklären lassen. Manchmal gibt es dort auch flauschige Osterküken.

 Sommer

Der Tag am Meer

Papa möchte seine Ruhe haben. Immer möchte Papa seine Ruhe haben. Papa ist so langweilig! Am liebsten sitzt er am Esstisch in der Sommersonne mit einer großen Tasse Kaffee und liest in seiner Zeitung. Mia reitet auf einem Zaubereinhorn am Küchentisch vorbei. „Könnt ihr denn nicht leise spielen?" meckert Papa. Leon reist in einer Rakete zum Mond und schon knurrt Papa: „Spielt doch wo anders!". Da beschließt Mama, dass das so nicht weitergehen kann: „Wir machen einen Ausflug an den Strand!" Leon freut sich rasend und holt schnell seinen Sandeimer und die rote Schaufel. Mia freut sich auch, sie hat nämlich einen tollen neuen Schwimmring, den sie unbedingt ausprobieren muss. Papa scheint sich nicht zu freuen, er nörgelt ein bisschen, packt aber das Auto. Am Strand angekommen schläft er sofort beim Zeitunglesen ein. Darauf haben alle gewartet. Blitzschnell buddeln Mama, Mia und Leon Papa ein, sodass nur noch sein Kopf aus dem Sand guckt. Papa wacht natürlich auf und Mia fürchtet schon, dass er vielleicht wütend wird, weil er doch gar nicht mehr an seine Zeitung kommt. Aber zum ersten Mal an diesem Sommerferientag lacht Papa.

Mach mich nass!

TIPP Um keine bunten Finger zu bekommen, kann man das nasse Krepppapier auch mit einer Wäsche-klammer fassen.

Du hast mehrere Möglichkeiten, mit Krepppapier zu malen. Die fertigen Papiere können als Geschenkpa-piere, Windlichter, Karten oder zum Verzieren von Bildersammelmap-pen verwendet werden:

1 Du legst ein Universalpapier vor dich hin. Knülle einen Krepppapier-rest zusammen und tauche ihn kurz in sauberes Wasser. Schon kannst du auf dem Papier malen. Immer mal wieder die Kreppstücke durch neue ersetzen.

2 Durch festes Andrücken des geknüllten, nassen Kreppstückes entstehen Punkte. Die kräftigsten Abdrücke gibt es mit Krepppapieren in den Farben Pink, Blau und Grün.

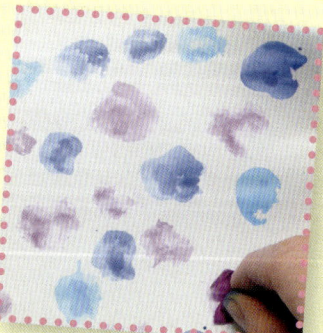

3 Du kannst aber auch Zeichen-blockpapier oder Architektenpapier kurz unter fließendes Wasser hal-ten. Das Wasser muss jetzt fünf Mi-nuten einziehen. Dann verteilst du bunte Krepppapierschnipsel auf dem Papier. Wenn die Krepppapier-stücke nicht übereinander liegen,

färben sie farbintensiver ab, sie mi-schen sich dann auch nicht zu Brauntönen. Mit der Hand spritzt du klares Wasser über die Schnip-sel und drückst sie mit einem sau-beren Pinsel an den Untergrund. Trocknen lassen (das dauert meh-rere Stunden). Nun ziehst du die trockenen Krepppapierstücke wie-der ab.

4 Schön sieht es auch aus, wenn du wie in Schritt 3 vorgehst, die Krepppapierstücke aber nicht trock-nen lässt. Stattdessen legst du ein weiteres weißes Papier über die nassen Schnipsel. Mit einer Linol-druckrolle rollst du über das weiße Blatt. Vorsicht! Farbiges Wasser tritt aus! Jetzt ziehst du das obere Blatt ab und zupfst die feuchten Krepppapierstücke ab. Es sind nun zwei fast gleiche, farbige Papiere entstanden, die jetzt noch trocknen müssen.

Mammutstift

1 Wähle vier bis fünf Lieblings-
buntstifte aus und lasse sie dir von
einem Erwachsenen mit ein bis
zwei Haushaltsgummis zu einem
dicken Stift zusammenbinden.

2 Lege das zitronengelbe Tonpapier auf die Unterlage und fahre
mit dem dicken Stift in kleinen und
großen Schwüngen über das Papier.
Male über den Rand hinaus, sodass
dein Papier an allen Stellen mit
Buntstift dicht bedeckt ist.

3 Knicken Sie das A4 Papier zum
Quadrat, indem Sie die rechte Ecke
an die untere Blattkante falzen. Das
überstehende Rechteck wegschnei-
den.

der auf und knicke nun alle vier
Spitzen so nach innen, dass sich
ein gleichmäßiger Bilderrahmen
ergibt.

5 Klebe einen farbigen Tonpapierrest in die Mitte und fixiere
dann den Rahmen gut mit Klebstoff. Nun kannst du die Mitte
entweder noch bekleben oder du
malst ein Bild hinein. Mit einer
solchen Einladung machst du
deinen Freunden sicherlich viel
Freude und die nächste Sommer-
party kann steigen!

4 Falze zusammen mit einem Erwachsenen alle Ecken des Quadrats
zur Mitte – wie bei einem Briefum-
schlag. Klappe den Umschlag wie-

TIPP Probieren Sie
den „dicken Stift"
auch mal mit ver-
schiedenfarbigen
Wachsmalkreiden
oder mit Pinseln, die
in unterschiedliche
Farben getaucht
wurden!

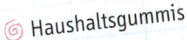

Schwierig-
keitsgrad
● ● ⧊

Motiv-
größe
14,7 cm x 14,7 cm

Material
◎ Tonpapier in
   Zitronengelb, A4
◎ Unterlage
◎ verschiedene
   Buntstifte

◎ Haushaltsgummis
◎ Tonpapierrest
   in Blau, Rot,
   Gelb und Weiß
◎ Geschenkpapier-
   rest
◎ Filzstift in
   Schwarz
◎ Klebstoff
◎ Kinderschere

Blütenfee

Motivhöhe

14,4 cm

Material

🌀 2 Tontöpfe, ø 5,5 cm

🌀 Mini-Tontopf, ø 3,0 cm

🌀 Holzkugel natur-
belassen, ø 3,5 cm

🌀 6 Pfeifenputzer,
4 x Rosa, 1 x Pink,
1 x Hellgrün

🌀 Filzrest in Hellgrün

🌀 Kinderschere

🌀 3 mehrlagige, fünfblätt-
rige Stoffrosen in
Rot, Weinrot, Orange,
ø 3,5 cm

🌀 Acrylfarben in Pink,
Weiß, Maigrün, Rot,
Blau und Violett

🌀 Synthetikhaarpinsel
(Stärke 10)

Vorlage

Seite 107

4 Biege die Spitzen vorsichtig zu
Haaren herunter. Wenn du willst,
kannst du auch Löckchen formen.

T I P P S Wenn man
den Körper der Fee
leuchtend rot anmalt
und mit weißen
Tupfen ausschmückt,
erhält man eine
niedliche Erdbeerfee.

Die Blumenfeen
eignen sich gut als
originelle Platzhal-
ter für die nächste
Geburtstags- oder
Gartenparty.

1 Male die Außenseiten der drei
Töpfchen einfarbig an, z. B. in
Pink oder Maigrün. Lass alles gut
trocknen.

2 Tauche den Pinselstiel in
weiße Farbe und setze kleine
Punkte auf den Rand eines großen
Töpfchens – der andere Teil wird
verdeckt sein. Betupfe mit Fingern
oder dem Pinsel auch die übrigen
Töpfe.

3 Knicken Sie die vier rosafarbenen Pfeifenputzer in der Mitte und
führen Sie jeden Doppelstrang
mit der stumpfen Seite nach unten
durch das Loch der Holzkugel. Die
acht spitzen Enden sollen nach
oben zeigen.

5 Stellen Sie die beiden gleich
großen Tontöpfe verkehrt herum ineinander. Führen Sie anschließend
den Chenilledraht durch die beiden
Topflöcher nach innen und verzwirbeln ihn dort, bis das Ganze hält.

6 Biegen Sie den pinkfarbenen
Pfeifenputzer zwischen Kugel und
Topfboden einmal um den Mittel-
strang: Das sind die Arme. Übertragen Sie die Vorlage der Blätterweste zwei Mal auf den grünen
Filzrest und schneiden Sie diese
aus.

7 Zerlege mit Hilfe eines Erwachsenen die kleinen Stoffblüten
in ihre Einzelteile. Fädle erst die
Blätterweste, dann die einzelnen
Rosenblätter auf die Arme: Das
sind die Schultern. Für die Hände
steckst du jeweils eine leuchtend
rote Blüte auf.

8 Damit sie gut hält, knicken
Sie vor der roten Blüte den Draht
einmal zu einer Schlaufe um. Führen Sie ein einzelnes Haar durch
den kleinsten Blumentopf und
verzwirbeln das Ende: Das ist der
Hut. An die Spitze können Sie eine
kleine Knospe aufsetzen. Für die
Flügel biegen Sie den hellgrünen
Plüschdraht am Hals nach hinten,
verkeilen ihn zweimal und formen
die Enden zu runden Flügeln.

9 Nun kannst du das Gesicht
noch nach Herzenslust bemalen –
fertig ist Deine Blumenfee. Damit
sie dir nicht davonfliegt, stellst du
sie am besten neben deine Lieb-
lingspflanze aufs Fensterbrett!

Lass die Sonne rein!

1 Mische dir aus wenig Blau und viel Weiß eine schöne Himmels-farbe. Tauche den Schwamm in die Farbe und streiche die gesamte unbeschichtete Seite des Torten-untersetzers damit ein. Der Torten-untersetzer muss jetzt gut trocknen.

2 Tauche einen halbierten Schwamm in die weiße Farbe und tupfe damit duftige Wolken auf den Himmel.

3 Markieren Sie im Abstand zwei-er Wellen am Rand mit Bleistift die Stellen, welche Ihr kleiner Künstler einschneiden soll.

4 Schneide nun den Untersetzer an den markierten Stellen ca. 1 cm tief ein.

5 Kleben Sie das Fadenende der Wolle auf der beschichteten Seite des Untersetzers mit Krepp-klebeband fest (vgl. Seite 9).

6 Drehen Sie den Untersetzer um und spannen Sie die Wolle über dem Himmel im Kreis. Dabei müssen sich die Fäden in der Mitte immer überkreuzen. Verknoten Sie das Fadenende so, dass der Untersetzer komplett bespannt ist.

7 Den Anfang der Webarbeit übernehmen am besten Sie. Fädeln Sie den Wollfaden in die Stopf-nadel und führen ihn abwechselnd über und unter den Fäden kreisför-mig durch.

8 Nach etwa 10 Runden bist du dran: Webe so lange weiter, bis dir die Größe der Sonne gut gefällt. Wenn der Faden alle ist, knote mit Hilfe eines Erwachsenen einen neuen an und webe weiter. Ist deine Sonne groß genug, kann dir ein Erwachsener beim Ver-nähen des Fadens helfen. Deine Sonne leuchtet immer, auch an Regentagen!

Schwierigkeits-
grad

Motivgröße

ø 27,5 cm

Material

- Tortenuntersetzer mit Wellenrand, ø 27,5 cm
- Wolle in Gelb
- Acrylfarben in Blau und Weiß
- Wasserglas
- Pappteller
- 2 Haushaltsschwämme
- Schere
- stumpfe Stopfnadel
- Kreppklebeband
- Bleistift

Sommerkorken

Schwierigkeits-grad
● ●

Motivhöhe
8–10 cm

Material
- Fimo soft® in verschiedenen Farben
- Zahnstocher
- Küchenbrettchen
- Schneidemesser
- Korken
- Modellierstäbchen
- Backpapier oder Alufolie
- evtl. Bastelkleber

1 Benutze ein festes Brettchen. Für die Erdbeere formst du aus zwei Streifen rotem Fimo® eine Kugel und drückst sie unten wie ein Ei zusammen. Dann beginnt die Feinarbeit: Rolle dir ca. 20 winzige weiße Kügelchen und drücke sie an der Frucht platt. Das braucht etwas Zeit, sieht anschließend aber toll aus. Alternativ kannst du mit dem Zahnstocher Löcher in deine Erdbeere bohren.

2 In der Zwischenzeit teilen Sie eine grüne Fimostange in fünf gleichgroße Stückchen und rollen Kugeln daraus. Die Kugeln plattdrücken und an einer Seite zu einer Spitze zusammendrücken – das werden die Erdbeerblätter.

3 Jetzt ritzt du mit dem Zahnstocher oder einem Modellierstäbchen Blattadern hinein.

4 Verteilen Sie die Blätter sternförmig um die Beere und drücken Sie sie gut an.

5 Zum Abschluss drückst du noch eine kleine weiße Kugel in die Mitte der Blätter, das ist die Pflückstelle.

6 Für das Rieseneis modellieren Sie den Becher. Formen Sie aus 2 Stangen blauem Fimo® eine Kugel und drehen sie zum Kelch, während Sie Ihren Daumen hineindrücken.

7 Fülle den Kelch mit Eiskugeln: Aus braunem Fimo® wird Schokoladeneis, aus gelbem und weißem Vanille. Gibst du zu Vanille noch ein Stückchen rotes Fimo®, entsteht Aprikoseneis. Du kannst auch marmoriertes Eis herstellen. Für die Schlagsahne rollst du aus weißem Fimo® eine dünne Wurst und legst sie als Kringel auf die letzte Eisku-

gel. Zum Schluss verteilst du kleine Fimoreste als Obststückchen auf dem Becher.

8 Lösen Sie die Objekte mit einem dünnem Küchenmesser vom Arbeitsbrett. Brechen Sie einen Zahnstocher in der Mitte durch und drehen eine Hälfte in jeweils einen Korken. Drücken Sie die Erdbeere und den Eisbecher auf den herausstehenden Spieß.

9 Dann heben Sie die Objekte vorsichtig wieder ab und brennen Sie auf einem Stück Backpapier 30 Minuten bei 110 Grad. Die Masse ist erst nach dem vollständigen Abkühlen hart. Die abgekühlten Objekte auf den Spieß stecken. Eventuell mit Klebstoff oder einem kleinen Rest ungehärtetem Fimo fixieren – so kann das Motiv immer wieder ausgetauscht werden.

TIPPS Ganz leicht geht übrigens auch eine Palme.

Beim Wechseln der Farbe unbedingt die Hände waschen, manche Farben färben ab! Übrig gebliebene Reste in einem Frühstücksbeutel luftdicht verschlossen aufbewahren.

Beachparty

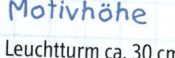

Leuchtturm

1 Kürzen Sie die Küchenrolle auf 25 cm Länge.

2 Für den Leuchtturm malst du die Küchenrolle weiß an. Nach dem Trocknen malst du einen gelben und drei rote Streifen darauf. Wenn die Rolle trocken ist, tupfst du mit dem Zeigefinger schwarze Farbe als Fenster auf. Der rote Becher wird als Dach mit Klebstoff auf dem Leuchtturm fixiert.

Ruderboot

1 Für das Ruderboot malst du den Tetrapack weiß an und lässt ihn trocknen.

2 Kürzen Sie den Tetrapack auf 3,5 cm Höhe.

3 Den Rand malst du grün an. Die Eislöffel werden als Ruder verwendet.

Segelboot

1 Aus dem restlichen weißen Tetrapackteil wird das Segelboot gefertigt: Zuerst malst du den Rand des Bootes blau an.

2 Schneiden Sie eine runde, ca. 1,5 cm hohe Scheibe vom Korken ab und kleben Sie diese in die obere Hälfte des Schiffes.

3 Das Segel wird auf den Schaschlikstab gesteckt, oben mit der Holzperle verziert und in den Korken gespießt. Der Name des Kindes wird mit wasserfestem Filzstift auf die Bootseite geschrieben.

Schwierigkeitsgrad
● ● ○

Motivhöhe
Leuchtturm ca. 30 cm

Material
- Küchenpapierrolle, ø 4 cm
- Joghurtbecher in Rot, ø 5 cm x 5 cm
- Quarkbecher, 4 cm x 10 cm
- Tetrapack®, 10,5 cm x 7,5 cm
- Papierquadrat, 9 cm x 9 cm
- Selbstklebepunkte in Hellblau, ø 1,2 cm
- Holzperle in Grün, ø 1 cm
- 3 Weinkorken
- 2 Eislöffel aus Plastik, ca. 10 cm lang,
- Watte
- Acrylfarbe in Weiß, Gelb, Grün, Rot und Schwarz
- Permanentmarker in Orange
- dicker und mittlerer Haar- oder Borstenpinsel
- Schaschlikstäbchen
- Zahnstocher
- Cutter
- Kinderschere

Dampfer

1 Für den Dampfer schneiden Sie mit einem Cutter den Behälter auf 7 cm Höhe ab.

2 Nun malst du den Rand des Quarkschälchens rot und den Tetrapack weiß an und lässt beides trocknen. Anschließend klebst du den Tetrapack mit der geschlossenen Seite nach oben in das Quarkschälchen ein.

3 Die Korken mit etwas Watte bekleben und als Schornsteine oben auf den Tetrapack kleben. Fenster und Bullaugen kannst du mit dem Finger mit schwarzer bzw. hellblauer Farbe auftupfen oder mit Selbstklebepunkten aufkleben.

TIPP Die Boote sind wasserdicht und können auch schwimmen. Einfach mal testen!

Meine erste Uhr

TIPP Diese Uhr kann
aus allen möglichen
Naturmaterialien wie
z. B. Nüssen, Früchten,
Muscheln, Tannenzap-
fen, Blättern, Blumen,
Kernen, usw. gebaut
werden. Sie können
nur ein Material für
die ganze Uhr oder
für jede Stunde etwas
anderes verwenden.

1 An einem sonnigen Tag steckst
du einen Ast in den Boden. Während des restlichen Tages sollte darauf von keinem anderen Gegenstand ein größerer Schatten fallen.

2 Für die Justierung der Sonnen-
uhr benötigen Sie einen gemein-
samen Nachmittag im Grünen. Ihr
Kind entwickelt ein erstes Gefühl
für Zeit und übt sich im Zählen.
Denn jede volle Stunde legen Sie
mit Ihrem Kind die Uhrzeit mit entsprechend vielen Steinen in den
Schatten des Astes.

3 Wenn die Sonne auch am
nächsten Tag noch scheint, kannst
du die Vormittagsstunden ergänzen und deinen Eltern mitteilen,
wann es Zeit für das Mittagessen
oder das nächste Eis ist.

Schwierigkeits-
grad
● ● ▨

Motivgröße
ca. 1 m²

Material
◎ langer Ast
◎ ca. 28 Steine in unter-
schiedlichen Farben
und Formen

Zauberbox

TIPP Man kann natürlich auch andere bewegte Szenen basteln, z. B. „Im Zoo" oder „Die wilden Piraten". Dazu benötigt man lediglich einen passenden Stanzer mit wildem Motiv.

1 Der erste Teil der Bastelarbeit bedarf einiger erwachsener Mithilfe: Die Seiten der Schachtel werden ausgemessen und mit pinkem Tonkarton verkleidet. Das Aufkleben der Tonkartonstreifen kann das Kind übernehmen. Nun helfen Sie dem Kind beim Ausschneiden der grünen Wiesenelemente und der Sonnenstrahlen. Den Sonnenkreis sollten Sie selbst ausschneiden. Sie haben keinen Zirkel? Einfach ein Glas umfahren!

2 Klebe alle ausgeschnittenen Tonkartonteile auf deinen Schachtelboden – es entsteht eine Wiese im Sonnenschein.

3 Nun kannst du mit dem Motivlocher viele kleine Blümchen ausstanzen.

4 Ist alles in der Kiste, verschließt du die Schachtel mit dem durchsichtigen Deckel. Sitzt er sehr locker, dann fixierst du ihn mit ein paar Streifen Klebefilm.

5 Nun reibst du mit der Hand über die Schachtel. Du wirst erstaunt sein, wie die kleinen Papierblüten herumwirbeln.

Schwierigkeitsgrad

● ○ ○

Motivgröße

17 cm x 25 cm

Material

- Blisterschachtel, z. B. Pralinenschachtel mit durchsichtigem Deckel
- Stanzer „Blume", ø 7 mm
- Faltpapier in Lieblingsfarben, z. B. Pink, Gelb, Hellblau und Orange
- Tonkarton in Pink, Hell- und Dunkelgrün und Gelb
- UHU Alleskleber
- ggf. Klebefilm
- Zirkel

Bullauge mit Aussicht

1 Umfahren Sie mit einem Bleistift einen Teller und eine Tortenhaube auf dem weißen Papier, oder zeichnen Sie mit dem Zirkel zwei Kreise ø 31 cm und ø 24 cm. Schneiden Sie die Kreise zusammen mit Ihrem Kind aus.

2 Du malst den kleineren Kreis mit hellblauer Farbe aus. Nach dem Trocknen malst du darauf bis zur Hälfte dunkelblaues Wasser.

3 Jetzt falten Sie gemeinsam die Boote (siehe Bilder links):
a. Zuerst das Faltblatt einmal in der Mitte falten. Faltung wieder öffnen.
b. Das Blatt mit der Mittelfalte senkrecht vor sich hinlegen. Wieder Kante auf Kante legen, ausstreifen und auffalten. Die Knicke ergeben ein Kreuz.
c. Alle vier Ecken zur Mitte falten. Faltung auf die Rückseite umdrehen.
d. Die unterste Ecke bis zur Mitte falten.
e. Faltung wieder auf die Vorderseite wenden.

4 Du legst ein Boot auf das Zeitungspapier und deckst den unteren Teil des Bootes mit dem Pappstreifen ab, damit der Rumpf keine Farbflecken bekommt.

5 Mit viel Schwung schleuderst du die Farbe vom Pinsel auf das Segel. Das wird mit anderen Farben wiederholt. Nachdem die Farben getrocknet sind, nimmst du den Pappstreifen wieder ab.

6 Die Schiffe werden auf das Wasser geklebt. Der kleine Kreis wird auf dem großen weißen Kreis mittig mit Klebstoff fixiert.

7 Abschließend klebst du die Selbstklebepunkte rundherum auf den weißen Bullaugenrand.

Schwierigkeitsgrad
● ● ●

Motivgröße
Bullauge ca. 31 cm

Material
- Fotokarton in Weiß, 50 cm x 70 cm
- Faltpapier in Weiß, Gelb und Orange, 10 cm x 10 cm
- Faltpapier in Weiß, 15 cm x 15 cm
- Acrylfarbe in Gelb, Hell- und Dunkelblau, Grün und Rot
- mittlerer und dicker Borsten- oder Haarpinsel
- 12 Selbstklebepunkte in Hellblau, ø 1,2 cm
- Zirkel
- Teller, ø 24 cm
- UHU Alleskleber

Regenbogen-Märchen

Schwierigkeitsgrad

● ● ●

Motivgröße

24 cm x 32 cm

Material

- festes Aquarellpapier (220g/m²), 24 x 32 cm oder größer
- Aquarell- oder Gouache-farben in Lila, Rot, Orange, Gelb, Grün und Blau
- Mischpalette
- Synthetikhaarpinsel (Stärke 16)
- 2 Wassergläser
- Schwamm und Schüssel
- Haushaltsrolle
- Salzstreuer
- Cutter
- Holzbrett-Unterlage
- Kreppklebeband

1 Zuerst das Aquarellpapier mit dem Cutter vom Block lösen und mit dem Kreppklebeband auf dem Holzbrett ringsherum abkleben – so verzieht sich das Papier nicht so stark.

2 Tauche den Schwamm in die Wasserschüssel und wringe ihn etwas aus. Dann streiche das gesamte Papier mit Wasser ein. Die Papieroberfläche sollte glänzen, ohne dass sich Wasserlachen bilden.

3 Setze mit dem Pinsel einen lila Bogen von links nach rechts quer über dein Blatt. Schau, wie die Farbe sofort nach oben und unten verläuft. Nimm viel Farbe und fahre die Spur evtl. mehrmals nach, so dass sie schön leuchtet. Vervollständige den Regenbogen mit den übrigen Farben: Rot, Orange, Gelb, Grün und Blau, wasche aber vorher immer wieder deinen Pinsel aus. Die Ränder der Farben dürfen sich berühren und ineinander laufen: Es entsteht ein schönes Farbenspiel.

4 Nun zauberst du: Nimm den Salzstreuer und lasse die Kristalle auf dein Bild rieseln. Das Salz saugt Wasser und Farbe auf: So bilden sich später an diesen Stellen wunderschöne weiße Muster.

TIPP Variante: Auf trockenem Aquarellpapier malen und nur die Ränder des Regenbogens ineinander laufen lassen.

5 Lasse dein Bild gut trocknen. Dann pustest du die übrig gebliebenen Salzkörner vom Papier. Langsam und vorsichtig die Klebestreifen ablösen – fertig ist das Märchenbild!

Bandenhauptquartier

Schwierigkeitsgrad
● ● ●

Motivgröße
1,4 m x 0,8 m

Material
🌀 weißer Baumwollstoff, Tischdecke oder Bettbezug, 1,4 m x 0,8 m
🌀 Textil- oder Batikfarben in Gelb, Grün und Blau
🌀 Salz nach Produktangabe

🌀 Gummihandschuhe
🌀 3 Eimer oder Edelstahlschüsseln
🌀 3 alte Kochlöffel zum Umrühren
🌀 evtl. Wäscheklammern
🌀 Paketschnur oder Baumwollgarn
🌀 Haushaltsgummis
🌀 Murmeln

TIPP Sie können auch Baumwollstoff mit kleinen Flecken verwenden. Nach dem Batiken sind diese nicht mehr zu sehen.

1 Um schöne Farbverläufe zu bekommen, solltest du den Stoff nass machen und gut auswringen.

4 Bevor der abgebundene Stoff ins Farbbad getaucht wird, stellen Sie die Farbbäder nach Packungsanleitung her und füllen Sie die Mixtur in die drei dafür vorgesehenen Behälter.

3 In der Mitte des Stoffes entstehen kleine, gleichmäßige Kreise, wenn du Murmeln mit Gummibändern im Stoff befestigst.

5 Den Stoff gleichzeitig in die verschiedenen Farben tauchen, mit Wäscheklammern fixieren, mehrfach umrühren und nach der angegebenen Zeit auswaschen und die Schnüre vorsichtig auftrennen.

2 Nehmen Sie dann die vier Zipfel des Stoffstücks und binden Sie jeden ca. 20 cm lang ab, indem Sie zusammen mit Ihrem Kind die Schnur in unterschiedlichen Abständen fest um jede Stoffecke wickeln.

6 Nach dem Trocknen die Fahne bügeln, an zwei Zipfeln mit Schnur umwickeln und an einer Stange oder einem Baum befestigen.

Tatort

Schwierigkeits-
grad

Motivgröße
Körpergröße des Kindes

Material
- Straßenkreide in verschiedenen Farben
- ca. 100 Kastanien

1 Sammeln Sie mit Ihrem Kind einen Korb voller Kastanien. Die benötigte Menge können Sie auch über mehrere Spaziergänge hinweg nach und nach sammeln.

2 Du legst dich auf einen für Malkreide geeigneten Untergrund, beispielsweise den Gehweg.

3 Mit Straßenkreide zeichnen Sie den Umriss Ihres Kindes grob auf den Untergrund.

4 Nun kannst du mit den Kasta-nien deinen eigenen Körperumriss auslegen.

5 Mt Straßenkreide kannst du deinen Umriss ausmalen – was ist schöner, Kleidung oder ein Muster?

TIPP Kastanien können auch einge-froren werden. So kann der für Sie und Ihr Kind passende Bastelzeitpunkt selbst bestimmt werden. Oder Sie verwenden Zapfen, Blüten oder Kieselsteine für den Naturkerl.

Schaumschläger

Schwierig-keitsgrad

● ● ●

Motivgröße

ø 2–4 cm

Material

🌀 Aluminiumdraht, ø 5 mm
🌀 Rolle Mullbinde, 3 cm breit
🌀 Klebefilm
🌀 Klebestift

Seifenblasen-mischung

🌀 ½ l Spülmittel
🌀 30 ml Glyzerin
🌀 250 g Puderzucker
🌀 1 l Wasser

1 Schneiden Sie etwa 30 cm vom Aluminiumdraht ab und kleben Sie mit etwas Klebstoff die Mullbinde fest.

2 Nun kannst du die Mullbinde um den Draht wickeln. Achte darauf, dass die Mullbinde fest am Draht sitzt.

3 Ist der gesamte Draht umwickelt, legst du ihn mittig um einen runden Gegenstand, z. B. einen Klebestift, dies ist dann die Öffnung vom Seifenblasenpuster.

TIPP So machen Sie Ihre eigene Seifenblasenmischung: Wasser erwärmen und den Puderzucker einrieseln lassen. Der Puderzucker sollte aufgelöst sein. Nun das Spülmittel und das Glyzerin langsam einrühren. Achten Sie darauf, dass Sie die Flüssigkeit nicht schaumig schlagen.

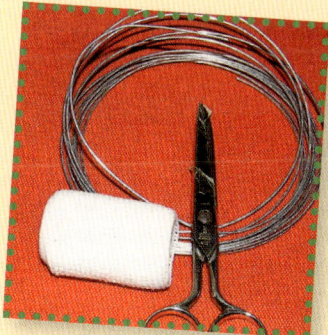

4 Verdrehen Sie die Drähte miteinander. Schneiden Sie den gedrehten Draht gleichmäßig ab und fixieren Sie die Mullbinde am Ende, indem Sie rundherum Klebefilm wickeln.

Reif für Wimbledon

**Schwierigkeits-
grad**

●● ○

Motivgröße

ø 16 cm

Material

- Holzstab, ø 5 mm
- Nylonsöckchen, Größe 38
- UHU Alleskleber
- Karton
- lustige Aufkleber
- Draht, ø 0,3 mm

Vorlage

Seite 107

TIPP Schön ist Luft-
ballontennis mit
zwei Kindergruppen:
Entweder werden
Punkte für Zieltref-
fer vergeben. Oder
zwei gegnerische
Spielfelder müssen
von Luftballons be-
freit werden. Dann
gewinnt die erste
Mannschaft mit einem
luftballonfreien Feld.

1 Zuerst übertragen Sie die
Schablone zweimal auf Karton
und schneiden die Schläger aus.

2 Anschließend befestigen Sie
den Holzstab am Drahtring. Dazu
legen Sie den Holzstab ca. 1 cm
über den Drahtring und befestigen
den Stab, indem Sie ihn mit Draht
mehrfach über Kreuz festbinden.

3 Nun kannst Du die Nylonsocke
über den Drahtring ziehen, sodass
der Stab aus der Socke heraus-
schaut. Ziehe fest an der Socke und
fixiere mit Hilfe von Draht die Socke
am Stab. Ein Erwachsener wickelt
den Draht mehrfach darum.

4 Jetzt beklebst du beide Tennis-
schläger von einer Seite mit Aufklebern.

5 Nun gibst du Klebstoff auf den
Ring mit der Socke und legst den
Ring auf die aufkleberfreie Schlä-
gerseite. Den zweiten Schläger
klebst du auf den ersten Schläger.

6 Lasse den Schläger trocknen.
Beklebe nun zusammen die beiden
Außenränder der beiden Tennis-
schläger mit Aufklebern. So sieht
der Schläger schöner aus und bekommt besseren Halt. Mit einem
Luftballon kann das Spiel beginnen!

Schiff Ahoi!

Schwierig-keitsgrad

● ○ ○

Motivgröße

20 cm x 30 cm

Material

⌾ Zeichenblockpapier, A3

⌾ Faltpapier- und Ton-papierreste (oder bunte Katalogseiten)

⌾ Kleister

1 Rühren Sie eine Tasse Kleister an und stellen Sie fünf bis sechs kleine Gefäße z. B. Untertassen bereit.

2 Du kannst inzwischen das Faltpapier in kleine Stücke reißen und den Farben entsprechend auf die Untertassen verteilen.

3 Besprechen Sie mit dem kleinen Künstler das Wunschmotiv und zeichnen Sie es vor. Ein Segelschiff ist schön, aber auch ein Dampfer oder ein Frachter.

4 Jetzt kannst du einen kleinen Teil vom Motiv mit Kleister bestreichen und die Papierschnipsel darauf kleben.

5 Hast du das Bild fertig, lässt du es trocknen und suchst dann einen schönen Platz dafür – vielleicht am Kühlschrank?

Flotte Frisbee

1 Rühren Sie den Kleister für Ihr Kind an und lassen Sie ihn quellen.

2 Du kannst nun das Papier in kleine Flocken reißen.

3 Jetzt streichst du den Pappteller am äußeren Rand ca. 2 cm mit Kleister ein und legst die Papierstücke in der Farbe deiner Wahl darauf. So verfährst du, bis der Pappteller mit den Papierschnipseln bedeckt ist. Natürlich kannst du auch ein Ringelmuster oder ein Bild mit deinen Flocken legen.

4 Eine dicke Schicht Kleister über deinen Teller ziehen. Lass den Pappteller über Nacht trocknen.

5 Mit der anderen Tellerseite verfährst du ebenso. Ist der Teller getrocknet, kann er prima fliegen – probier's mal aus!

Schwierig-keitsgrad

● ○ ○

Motivgröße

ø 28 cm

Material

⌾ Pappteller, ø 28 cm

⌾ Tonpapierreste in Lieblingsfarben

⌾ Kleister

Poolbar für Piepmätze

Schwierigkeits-
grad

● ● ●

Motivgröße

ø 15 cm und 23 cm

Material

◎ Blumenuntersetzer aus Ton,
ø 15 cm und 23 cm

◎ Muscheln

◎ kleine flache Steine

◎ Glasnuggets in Grün, Blau
und Gelb

◎ Fugenweißpulver, 200 g

◎ Schwamm

◎ Eimer mit Wasser

TIPP Achten Sie darauf, das Wasser in der Vogeltränke täglich auszutauschen. So bleibt das Trinkwasser hygienisch und die Infektionsgefahr für die Piepmätze verringert sich.

1 Rühren Sie 200 g des Fugenweißpulvers zu einem zähen Brei an.

2 Du füllst die Masse mit einem Löffel in einen Blumenuntersetzer und verteilst sie darin bis zum Rand. Die Schicht sollte so hoch sein, wie dein Zeigefinger dick ist.

3 Jetzt kannst du Muscheln, Steine und Glasnuggets in die Masse drücken.

4 Nun musst du dein Mosaik mit einem großen Klecks Fugenmasse überziehen.

5 Mit einem nassen Schwamm die überschüssige Masse abnehmen und die Muscheln und Steine damit säubern.

6 Den Rand mit den Fingern bearbeiten. Dann musst du die Vogeltränke gut trocknen lassen, am besten übers Wochenende, damit sie wasserfest wird. Wasser einfüllen, schon können die Flattermänner darin baden und daraus trinken.

SOMMER? KEINE ZEIT FÜR LANGEWEILE!

Wissensdurst

Wenn es heiß wird, lockt der Badesee oder die Eisdiele. Aber manchmal muss auch der Wissensdurst gestillt werden: Lassen Sie sich und den Kindern von einem Imker einen Bienenstock erklären (Achtung! Bienengiftallergie ausschließen!) – sicher dürfen alle von dem köstlichen Honig naschen! Auch den örtlichen Naturschutzverein oder den Förster kann man um eine geführte Wanderung bitten. Auf einem kleinen Rundweg lassen sich schon viele Tiere und Pflanzen entdecken: Im Watt, im Moor, in der Heide, im Wald, auf der Wiese. Die Kinder brauchen dazu Eimer oder Käferboxen und Lupen, Käscher und Gummistiefel.

Zauberberg

Im Sommer bietet sich natürlich der Sandkasten – oder auch der Strand – als Spielort an: Machen Sie einen großen Sandberg und verstecken Sie darin viele kleine Gegenstände. Halbedelsteine oder kleine Kunststofftiere bieten sich besonders an. Oben auf den Zauberberg stecken Sie eine Feder. Die Kinder setzen sich um den Berg und dürfen reihum einmal graben. Wer etwas findet, darf den Schatz behalten – bei wem die Feder abstürzt, hat verloren.

Kartoffellauf

Jedes Kind bekommt einen Suppenlöffel in die Hand und darauf eine Kartoffel. Nun laufen alle Kinder um die Wette bis zu einem markierten Ziel. Wer zuerst ankommt – und seine Kartoffel noch hat, hat gewonnen. Ältere Kinder können auch über einen Hindernisparcours laufen oder statt Löffel und Kartoffel einen Plastikbecher voller Wasser tragen.
Wenn Sie ein Kinder(garten)fest planen, bietet sich eine ganze Spielolympiade mit vielen Wettläufen und Zielwerfaktionen an.

Gartentisch-Regatta

Buntes Wasserfarbenwasser einfrieren und die kleinen Eiswürfel dann um die Wette über den Gartentisch pusten. Hübsch auch mit kleinen Segeln. Dazu Zahnstocher mit einfrieren und anschließend Papierdreiecke aufstecken. Schon kann die Gartentisch-Regatta beginnen!

Einzelkind

Manchmal sind Sie ganz alleine mit Ihrem Kind und möchten trotzdem ein bisschen spielen. Hier sind die Erfahrungen, die Leas Mama Annette gemacht hat: „Manchmal darf meine Tochter ein Bienchen sein: Fliegerspiele über dem Bett mit anschließendem Absturz sind bei ihr total angesagt, dabei mache ich Brumm- und Summgeräusche. Gern mag Lea auch sämtliche Spiele, bei denen ein Floh sie pikt oder eine Biene auf sie zufliegt und dann sticht. Auch bei Regenwetter ist Lea gerne aktiv: Ein Krabbel- oder Bobbycarparcours durch die Wohnung (über Stühle, Matratzen, Schemel usw.) ist ein lustiges Highlight!

Herbst

Vorlese-geschichte

Der Superdrache

Leon hat einen neuen Drachen. Der Drache ist toll, er sieht aus, als wäre er direkt aus Japan. Oder China. Jedenfalls ist der Drache absolut großartig. Papa geht also mit Leon auf das abgeerntete Stoppelfeld hinter dem Fußballclub und dort stehen sie und lassen den Drachen steigen. Der Wind zischt und pfeift. Der Himmel ist unbeschreiblich blau und Leon ist einfach nur glücklich. Sein Drache fliegt hoch und höher und ist einfach wunderschön. Aber dann geschieht das Unglück: Ein heftiger Windstoß pfeift heran. Die Drachenschnur reißt. Und mit einem letzten kleinen Flattern verschwindet der Superdrache im Himmelsblau. Leon weint. Er schluchzt so schrecklich, dass Papa ihn gar nicht mehr beruhigen kann. Auch zu Hause weint er noch. Leon weint sogar noch, als Mama ihm einen Trostkakao bringt. Mia setzt sich neben Leon und flüstert ihm zu: „Du, dein Drache wollte bestimmt nur nach Hause. Zu seiner Drachenmama. Und jetzt fliegt er nach China. Da fliegt er über Polen und Russland. Denk doch nur, wie glücklich dein Drache jetzt ist." Da hört Leon auf zu weinen. Bestimmt erlebt sein Drache gerade ein tolles Abenteuer. Den ganzen Abend erzählen sich Mama, Papa, Mia und Leon spannende Geschichten, die der Superdrache gerade erleben könnte.

Waldwicht

1 Aus dem Filzstreifen wird der Hut des kleinen Kobolds geformt: Du hältst den Zapfen fest und ein Erwachsener streicht die lange Seite vom roten Filz ca. 1 cm hoch mit Klebstoff ein. Ein Drittel des Zapfens wird durch den Filz verdeckt. Nun den Filz mit Klebstoff schließen. Anschließend bindet dir ein Erwachsener die Zipfelmützenspitze mit einem Wollfaden zu.

2 Du kannst die Filzmütze mit bunten Pompons dekorieren. Klebe sie einfach auf.

3 Klebe auf zwei Holzperlen je ein Wackelauge auf und fixiere die Perlen unterhalb des Mützenrands mit Klebstoff.

4 Die Nase besteht aus einem roten Pompon, der mittig zwischen den Augen, aber etwas unterhalb von ihnen, angeklebt wird.

5 Zum Schluss teilen Sie den schwarzen Pfeifenputzer, knicken ihn zur Hälfte und verdrehen ihn. Nochmals zur Hälfte rund gebogen, können Sie den Pfeifenputzer rechts und links vom Koboldkopf unterhalb der Mütze feststecken. Die Mütze etwas zur Seite biegen und festkleben.

TIPP Diese wetterfesten Kerle können problemlos als Dekoration im Eingangsbereich eingesetzt werden. Ein paar Kürbisse und Kastanien dazu – fertig!

Schwierig-keitsgrad

● ● ●

Motivhöhe

17 cm

Material

- Tannenzapfen, 12 cm
- Filz in Rot, 20 cm x 30 cm
- 2 Wackelaugen, rund, ø 1 cm
- 2 Holzperlen, 1,5 cm
- Pompon in Rot, ø 2 cm
- 8 Pompons in Violett und Gelb, ø 1,5 cm
- Pompons in Orange, Rosa, Weiß und Grün ø 1 cm
- Pfeifenputzer in Schwarz
- UHU Alleskleber

Alternative Energie

Schwierigkeitsgrad
● ● ●

Motivhöhe
24 cm

Material
- Universalpapier, A4, 120 g/m²
- Acrylfarben
- Korken
- Trinkhalm
- Perle, ø 9 mm
- Haarpinsel
- Wasserglas
- Mischpalette
- Stecknadeln
- Schneidemesser
- Brettchen
- Lineal
- Bleistift
- Schere

1 Wähle drei Lieblingsfarben aus und male das weiße Papier auf einer Seite mit bunten Farbstreifen an. Besonders schön sieht das aus, wenn sich die Farbspuren überlagern. Gut trocknen lassen.

2 Wende dein Papier und male es auf der Rückseite mit drei anderen Farben an. Du kannst dir auch ein neues Muster ausdenken.

3 Wenn das Papier trocken ist, schneiden Sie gemeinsam den schönsten 10 cm x 10 cm großen Ausschnitt heraus. Falten Sie ihn zweimal in der Diagonale und klappen Sie ihn dann wieder auf. Tragen Sie von allen vier Ecken 4,5 cm mit dem Bleistift auf den diagonalen Falzkanten ab. Viermal bis zur Markierung einschneiden.

4 Nun piekse mit der Nadel ein Loch in die Mitte des Quadrats.

5 Schneiden Sie von dem Korken mit einem scharfen Messer eine Scheibe ab. Durchlöchern Sie dann abwechselnd die Spitzen, die umgebogen werden. Führen Sie eine Stecknadel nacheinander durch die vier durchlöcherten Spitzen und anschließend durch die Mitte des Quadrats.

6 Fädeln Sie hinten eine Perle auf und spießen Sie das Ende der Nadel durch den Trinkhalm in eine Korkscheibe. Nun noch darauf achten, dass zwischen Windrad und Perle ein kleiner Spielraum bleibt, damit sich das Ganze auch dreht.

7 Puste einmal kräftig hinein – und schon dreht sich dein kleines Windrad!

TIPP Zur Herstellung von Windmühlen eignen sich selbst gemachte Papiere gut. Probieren Sie auch einmal Kartoffel-, Korken- oder Fingerdruck aus.

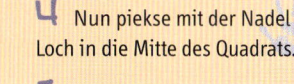

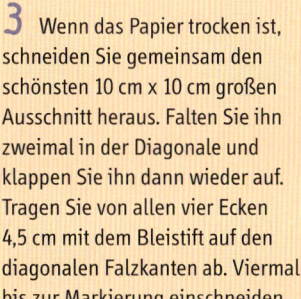

Verwandlungskünstler

1 Nimm vom nächsten Waldspaziergang ein schönes Aststück mit
nach Hause. Lass dir von einem
Erwachsenen überflüssige Teile
absägen.

2 Wenn dir Beine für dein
Wunschtier fehlen, bitte einen
Erwachsenen, sie mit Pfeifen-
putzern zu ergänzen.

3 Reiße dir einige 2-3 cm dünne Streifen aus alten Zeitungen
heraus.

4 Währenddessen bereiten Sie
den Kleister vor: Zwei Teelöffel
Pulver in ein mit Wasser gefülltes
Marmeladenglas einrühren. Das
Glas verschließen und den Kleister
eine halbe Stunde quellen lassen.
Danach noch einmal gut durch-
schütteln – fertig.

5 Gieße dir eine kleine Menge
Kleister in den Marmeladendeckel
und streiche einen Zeitungsstreifen
mit dem Finger dick mit Kleister ein.
Dann umwickele mit dem Streifen
deinen Ast. Immer gut glatt streichen. Nimm einen neuen Streifen
und verfahre genauso. Nach und
nach bekommt dein Tier eine Zei-
tungshaut. Lustig: Wenn du einen
Teil deines Zweiges frei lässt, sieht
es aus, als ob sich dein Tier gerade
erst verwandelt hat.

6 Beim Modellieren des Kopfes
oder der Ohren helfen Sie mit.
Für die Ohren wird je ein ca. 10 cm
langer Streifen zweimal der Länge
nach gefaltet und dann auf die
halbe Höhe geknickt. Die Ohren
sollten gut mit mehreren Zeitungsstreifen am Kopf fixiert werden.
Dann werden sie noch mit weiteren
Streifen umwickelt, damit sie später
stoßfest sind.

7 Nach ein oder zwei Schichten
Zeitung lässt du dein Tier über
Nacht gut durchtrocknen.

8 Am nächsten Tag grundierst du
das Tier mit weißer Farbe. Sobald
die Farbe getrocknet ist, bemalst
du dein Tier, vielleicht in schwarz-
weiß, vielleicht aber auch kunter-
bunt. Und schon hast du einen ganz
besonderen Spielgefährten!

Schwierigkeits-grad
● ● ○

Motivlänge
je nach Astlänge,
hier 62 cm

Material
🌀 interessantes Astfundstück
🌀 evtl. Holzsäge und Pfeifenputzer
🌀 Tapetenkleister
🌀 leeres Marmeladenglas
🌀 Teelöffel
🌀 Zeitungen
🌀 Acrylfarben
🌀 Mischpalette
🌀 verschiedene Pinsel
🌀 Wasserbecher
🌀 Mallappen

Herbstadel

TIPP Diese Bastel-arbeit eignet sich gut für Kindergruppen. Anschließend gibt es viele Herbstkönige, -königinnen, -prinzen und -prinzessinnen!

1 Du sammelst etwa zehn Ahorn-blätter in leuchtenden Herbstfar-ben, schneidest mit einer Kinder-schere die Stiele der Blätter ab und sortierst sie der Größe nach. Wenn du keine Schere hast (oder noch keine benutzen kannst), geht das auch mit den Fingernägeln.

2 Die ersten Schneideversuche machen Sie am besten gemeinsam mit Ihrem Kind. Sie werden dabei feststellen, wie schnell Ihr Kind die Blattstiele alleine abschneiden kann.

3 Den roten Papierstreifen auf einen ebenen Untergrund bereit-legen. Dann beginnst du damit, die Blätter der Größe nach auf den Streifen zu legen. Das größte Blatt kommt in die Mitte der Krone (Blattzacken zeigen nach oben). Die restlichen Blätter werden im-mer kleiner werden links und rechts auf den Streifen gelegt.

4 Wenn Ihrem Kind die Farb-muster und Verläufe der Blätter gefallen, klammern Sie diese am Papierstreifen fest. Dann wird der Pappstreifen umgeschlagen, sodass die Heftklammern nicht am Kinder-kopf reiben. Messen Sie den Kopf-umfang Ihres Kindes ab, übertragen Sie ihn auf den Streifen und fixie-ren Sie das Band mit dem Hefter.

Schneckenpost

1 Stellen Sie in einer Schüssel aus einem Esslöffel Seife und 1 l warmem Wasser eine starke Seifenlauge her.

2 Zupfen Sie nun einen etwa 10 cm langen Wollstrang ab.

3 Du beträufelst die Wolle mit der warmen Seifenlauge und rollst den nassen Strang auf der Folie ständig hin und her.

4 Ein Ende mit der Schere gerade abschneiden und durch Reiben und Kreisen auf dem strukturierten Untergrund abrunden. Dabei den Strang wie einen Bleistift in die Hand nehmen. Sieht die Wolle endgültig wie eine Schnecke aus, muss sie auf einem Handtuch trocknen.

5 Dann spülst du das Schneckenhaus mit klarem Wasser aus und lässt es ebenfalls trocknen.

6 Das Schneckenhaus wird unten mit reichlich Alleskleber bestrichen und fest auf den Schneckenkörper angedrückt.

7 Die Perlen werden als Augen am Kopf mit Kleber fixiert oder mit wenigen Stichen angenäht. Dann ziehen Sie die Fühler mit einer Nadel durch den gefilzten Schneckenkopf.

Schwierigkeitsgrad
● ● ○

Motivlänge
5–10 cm

Material
- Märchenwolle in Braun und Beige, ca. 10 g
- leeres, echtes Schneckenhaus
- 2 Rocailles in Schwarz
- Schnur in Braun
- Olivenölseife
- warmes Wasser
- Schüssel
- Handtücher
- Noppenfolie, ca. 30 cm x 40 cm
- UHU Alleskleber

TIPP Diese Schnecken lassen sich auch schnell in großen Mengen basteln. Daher eignen sie sich gut für Bazare oder den Martinimarktstand des Kindergartens.

Mein Igel

TIPP Legen Sie im Garten einen geschützten Unterschlupf aus Laub und Zweigen für Igel an. Wasser und Katzenfutter bis Mitte November neben den Laubhaufen stellen, dann hat das kleine Tier eine gute Überlebenschance.

1 Bemalen Sie die Hand Ihres Kindes mit brauner Acrylfarbe. Besonders einfach geht das mit einem in Farbe getränkten Schwamm.

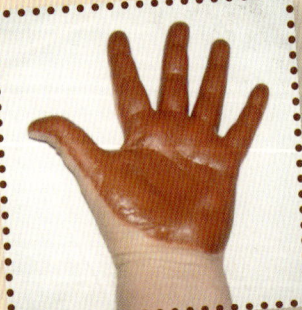

2 Nun drückst du deine Hand fest auf das weiße Papier.

3 Wiederholen Sie gemeinsam die ersten beiden Schritte, bis Sie sieben bedruckte Blätter haben. Diese lassen Sie trocknen.

4 Nach dem Trockenen schneidest du mit einer Kinderschere die Handabdrucke aus (ggf. müssen Sie Ihrem kleinen Wildhüter dabei helfen und die Kinderhand führen).

5 Nun legst du die Hände übereinander versetzt auf Fotokarton und klebst sie auf.

6 Anschließend schneiden Sie Nase und Füße aus, und kleben Sie fest. Dabei die Füße unter den Igelkörper schieben.

7 Zum Schluss klebst du das Wackelauge auf. Fertig ist der stachelige kleine Räuber.

Herbstblätterleuchte

1 Du legst die frischen Blätter, die du gesammelt hast, nebeneinander auf einen ebenen Untergrund.

2 Legen Sie das Transparentpapier über die Blätter und fixieren Sie es mit Kreppband auf dem Untergrund.

3 Jetzt rollst du einen Klecks der dunkleren der zwei Farben auf der Plastikunterlage aus. Dann rollst du die Walze auf einem Universalpapier ab, damit die überschüssige Farbe weggenommen wird.

4 Die farbige Walze wird mit Druck über das Motiv gerollt. Evtl. noch mal Farbe aufnehmen. Die Walze mit Wasser säubern. Den Vorgang mit der helleren Farbe, hier Gelb, wiederholen. Farbe trocknen lassen. Nur zwei Farben verwenden, sonst werden die Blätter nur unschön braun und die Strukturen der Herbstblätter kommen nicht mehr richtig zur Geltung.

5 Jetzt kann das Papier nach Wunsch zu Windlichtern, Laternen, Karten oder Fensterbildern weiterverarbeitet werden:
Für die Laterne den bearbeiteten Architektenpapierstreifen, 50 cm x 20 cm, erst um den Rand des unteren Teiles der Käseschachtel kleben. Den Rand des oberen Teiles mit Klebestoff einstreichen, oben einsetzen und die Seiten zusammenkleben. Bringen Sie abschließend einen elektrischen Laternenstab am Laternendraht an.
Der Boden für das quadratische Windlicht ist aus einem Eistee-Tetrapack gefertigt. Der Rand ist 2,5 cm hoch. Das bedruckte Papier ist 40 cm x 20 cm groß und wird unten um den Rand geklebt und an den Seiten mit Kleber fixiert. Nun können Sie ein Teelicht einsetzen. Das kleine Windlicht aus einem Papierstreifen von 35 cm x 12 cm herstellen und oben und unten mit einem orangefarbenen Tonpapierstreifen bekleben.

Schwierigkeitsgrad

● ● ○

Motivhöhe
Laterne 22 cm
kleines Windlicht 12 cm

Material
- frische Blätter von verschiedenen Bäumen
- Linoldruckfarben auf Wasserbasis in Gelb, Rot und Grün
- Linoldruckrolle mit Plastikunterlage oder Glasplatte
- Transparentpapier in Weiß
- Architektenpapierstreifen, 50 cm x 20 cm
- 2 Tonpapier- oder Fotokartonstreifen in Hellgrün, 53 cm lang und 2,5 cm breit
- 2 Tonpapier- oder Fotokartonstreifen in Orange, 33 cm lang und 2,5 cm breit
- je 1 Käseschachtel, ø 15 cm und 10 cm
- Tetrapack, 9 cm x 9 cm
- Papierklebeband, ca. 3 cm breit
- Behälter für Wasser
- Lappen
- Klebstoff

TIPP Größere Kinder können diese Technik mit Scherenschnittmotiven kombinieren. Diese Laternen sehen besonders reizvoll aus.

Fundstücke

Schwierigkeitsgrad

● ● ○

Motivgröße

20 cm x 20 cm und
24 cm x 30 cm

Material

- Keilrahmen,
  20 cm x 20 cm bzw.
  24 cm x 30 cm
- trockene Herbst-
  früchte wie Lerchen-
  zapfen, Eicheln, Kas-
  tanien und Zweige
- Spachtelmasse
  auf Gipsbasis
- Acrylfarbe in
  Gelb, Orange,
  Rot und Grün
- Spachtel
- breiter Japan-
  spachtel
- dicker Borsten-
  pinsel

TIPP Im Sommer
kann man auf diese
Weise auch ein
Strandbild mit
Muscheln und Sand
herstellen.

1 Sie übernehmen den ersten Schritt: Spachtelmasse nach Angaben des Herstellern anrühren (für den Keilrahmen von 20 cm x 20 cm benötigen Sie etwa 250 g Spachtelmassepulver und 100 ml Wasser).

2 Du streichst die Masse mit dem Japanspachtel gleichmäßig auf den Keilrahmen.

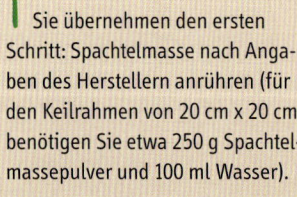

3 Dann beginnt das Gestalten: Du drückst die Herbstfrüchte und die Zweigstücke auf die Masse, bis dir das Bild gefällt. Das Gipsbild muss nun über Nacht trocknen.

4 Jetzt wird's bunt: Du tupfst mit dem Pinsel die gewünschte Farbe auf das Bild. Es können mehrere Farben verwendet werden. Nicht zu wild mischen, sonst entsteht nur ein matschiges Braun! Die Farbe musst du trocknen lassen.

Kauz

1 Übertragen Sie die Vorlagen für den Eulenkörper, die Augen und den Schnabel auf das Tonpapier und schneiden Sie ihn zusammen mit Ihrem Kind aus.

TIPP Eine ganze Eulenfamilie sieht besonders süß aus, wenn die Farben für Körper und Federkleid bei jeder Eule getauscht werden.

2 Mit dem Prägestanzer kannst du das Federkleid aus schwarzem und braunem Tonpapier ausstanzen und anschließend aufkleben. Am einfachsten gelingt das, wenn die Tonpapierpunkte Reihe für Reihe überlappend aufgeklebt werden.

3 Zuletzt klebst du die Augen und den Schnabel auf das Eulengesicht. Die Pupillen sind zwei ausgestanzte Kreise, die auf die Augen geklebt werden – und schon ist die Eule fertig!

Schwierigkeitsgrad
● ● ○

Motivgröße
ca. 30 cm

Material
- Tonpapier in Orange, Braun und Schwarz
- Tonpapierreste in Rot und Weiß
- Ausstanzer „Kreis", ø 2 cm
- UHU Alleskleber

Vorlage
Seite 109

Wirbelwunder

**Schwierigkeits-
grad**

● ○ ○

Motivgröße

ca. 50 cm

Material

- 2 Plastiktüten, je 40 cm x 50 cm
- runde Käseschachtel oder Pappring
- Bürohefter
- dicke Stopfnadel
- 3 Pfeifenputzer, ca. 17 cm lang
- 2 Haushaltsgummis
- Holzstab oder Bambusrohr, 50 – 65 cm lang
- Acrylfarben
- evtl. Kreppklebeband

TIPP Anstelle der Tütenstreifen kann man für den Windfänger auch bunte Streifen aus Stoffresten oder aus Krepppapier verwenden. Nehmen Sie den Windfänger aus Papier oder Stoff bei Regen ins Haus, so hält er länger.

1 Suche dir zwei schöne Plastiktüten heraus und zerschneide sie in viele Streifen.

2 Trennen Sie vorsichtig den Boden aus der Käseschachtel.

3 Hefte Streifen für Streifen mit der schmalen Seite von außen rings um den Schachtelring herum. Die Streifen sollten sich dabei leicht überlappen.

4 Beklebe oder bemale deinen Stab, wie es dir gefällt.

5 Währenddessen bohren Sie mit der Stopfnadel in gleichem Abstand drei Löcher in den Ring.

6 Fädeln Sie jeweils einen Pfeifenputzer durch ein Loch und verkeilen die Enden.

Achten Sie darauf, dass alle Pfeifenputzer dieselbe Länge behalten. Verzwirbeln Sie das Dreigespann oben mittig miteinander und befestigen Sie es am Holzstab. Damit es dort nicht wegrutscht, fixieren Sie es zwischen zwei Schnipsgummis.

7 Stecke den Stab in einen Blumentopf oder im Garten in die Erde. Oder renne mit dem Windfänger herum. Sobald der Wind kräftig hineinbläst, flattert und flüstert dein langer Tütenwurm im Wind!

Knusperhaus

Schwierigkeitsgrad
● ● ●

Motivgröße
ca. 1,5 m x 2 m x 1,5 m

Material
- ☺ großer Karton
- ☺ Teppichmesser
- ☺ Panzerband
- ☺ Tonpapier in Rot, A3
- ☺ Tonpapier in Dunkel-
  grün, Grün, Braun,
  Dunkelrot, A4
- ☺ Tonpapier in Gelb,
  Pink und Orange, A5
- ☺ Stempel „Tropfen",
  ø 5 cm
- ☺ Acrylfarbe in Schwarz
- ☺ Pappteller
- ☺ UHU Alleskleber

1 Zuerst stellst du auf einer Mal-unterlage deinen Stempel, das Tonpapier, einen Pappteller und die schwarze Farbe bereit.

2 In jede Ecke des Tonpapiers wird ein Tropfen gestempelt. Nach dem Trocknen sind die Lebkuchen für dein Knusperhaus bereits fertig.

3 Zwischenzeitlich können Sie mit dem Teppichmesser die beiden kurzen Flügel des Kartondeckels abschneiden. Die länglichen De-ckelseiten mit dem Panzerband zu einem Dach zusammenkleben. Falls das Dach zu flach ausfällt, können Sie den Karton insgesamt kürzen und die Deckelseiten mit einem neuen Falz versehen.

4 Für die Tür und die Fenster zeichnen Sie mit Bleistift die ge-wünschten Öffnungen auf und schneiden diese anschließend aus.

5 Die fertig gedruckten Lebku-chen kannst du mit einem Erwach-senen auf das Häuschen kleben. Beginne dabei mit dem Dach und gestalte dann die Tür, die Fenster-läden und zuletzt den Rest des Häuschens.

TIPPS Der Stempel lässt sich ganz schnell selbst herstellen. Aus Moosgummi einen Tropfen ausschneiden und auf die Außensei-te eines Schraubde-ckels kleben, fertig!

Den Waschmaschi-nenkarton bekommt man in der Regel kostenlos, wenn man bei den zuständigen Fachverkäufern freundlich nachfragt und den Verwen-dungszweck kurz schildert.

Schweinerei!

Schwierigkeitsgrad

● ● ○

Motivhöhe
ca. 25 cm

Material
- Luftballon rund, 10 cm lang
- Tapetenkleister
- 2 Bogen Transparentpapier in Pink, 50 cm x 70 cm
- Transparentpapierreste in Orange
- Fotokartonrest in Rosa
- je 2 Selbstklebepunkte in Rot und Schwarz, ø 1,2 cm
- Wollrest oder Gummikordel in Schwarz, 7 cm lang
- Laternenbügel
- elektrischer Laternenstab mit Batterie
- Nadel

Vorlage
Seite 106

1 Blasen Sie den Luftballon auf und verknoten ihn. Dann rühren Sie aus fünf Esslöffeln Tapetenkleisterpulver und 1 l Wasser Kleister an.

2 Du reißt unterdessen das Transparentpapier in nicht zu kleine Schnipsel.

3 Halten Sie den Luftballon fest.

4 Das Kind bestreicht den Ballon mit Kleister und klebt die Schnipsel auf. Das geht prima mit den Fingern! Wenn alle Papierstücke aufgeklebt sind, muss der Ballon gut trocken, das dauert einen ganzen Tag.

5 Jetzt darfst du den Luftballon zum Platzen bringen, indem du ihn mit einer Nadel anpiekst.

6 Schneiden Sie oben den Rand der Laterne gerade und entfernen Sie die Ballonreste.

7 Übertragen Sie die Schnauze und die Ohren auf den rosafarbenen Fotokarton sowie die Wangen auf orangefarbenes Transparentpapier und schneiden diese aus.

8 Du klebst die roten Selbstklebepunkte auf die Schnauze und die schwarzen als Augen auf den Ballon.

9 Die Ohren werden an der Einschnittstelle übereinander geklebt, an der Bruchkante gefaltet und an den Ecken innen an den Ballonrand eingeklebt. Schnauze, Wangen und Wollrest als Mund mit Klebstoff an der Laterne fixieren.

10 Mit Laternendraht, Laternenbügel und elektrischem Laternenlicht versehen kann das freche Ferkel am Martinsumzug teilnehmen.

TIPP Natürlich lassen sich in der Pappmachétechnik noch viele andere Lieblingstiere als Laterne gestalten. Schön sind aber auch Klassiker wie Sonne und Mond.

Was klingt gleich?

Schwierigkeits-grad

●●●

Motivgröße

10 cm

Material

- ⟳ kleine Joghurtbecher in gleicher Anzahl in Orange und Gelb, in doppelter Anzahl in Rot
- ⟳ unverderbliches Material zum Füllen, z. B. Reiskörner, Eicheln oder Steinchen
- ⟳ Stanzer „Ahornblatt", ⌀ 2,5 cm
- ⟳ Tonpapierreste in verschiedenen Farben
- ⟳ Alleskleber

TIPP Bei kleineren Kinder nicht zu viele Behälter herstellen, sonst werden diese von den vielen Klängen verwirrt. Bei etwas älteren Kindern kann man den Schwierigkeitsgrad steigern, indem man mehr Behälter nimmt und diese aus nur zwei Farben bastelt.

1 Du füllst jeweils zwei rote Becher mit der gleichen Menge Rasselmaterial, z. B. einem Teelöffel Reiskörner.

2 Du gibst Alleskleber auf den oberen Rand und klebst einen gelben bzw. orangefarbenen Becher oben drauf. So klingt jeweils ein rot-gelber und ein rot-orangener Behälter gleich.

3 Mit dem Stanzer stanzt du zwei gleichfarbige Herbstblätter aus und klebst je ein Blatt auf die rote, untere Seite der beiden gleichklingenden Behälter.

4 Mit den anderen Behältern und Füllmaterialien wird ebenso verfahren.

So wird gespielt

Auf der einen Seite stellt das Kind die orange-roten, auf der anderen Seite die gelb-roten Behälter mit der roten Seite nach unten auf. Nun nimmt es einen gelb-roten Becher in die eine Hand, schüttelt ihn und konzentriert sich auf dessen Klang. Nun nimmt es nacheinander die orange-roten Becher in die andere Hand und versucht durch Schütteln herauszufinden, welche zwei Behälter gleich klingen. Glaubt es die beiden zusammengehörenden Behälter gefunden zu haben, dreht es die Schüttelbehälter um, sodass man die farbigen Ahornblätter sehen kann. Haben die beiden die gleiche Farbe, hat das Kind richtig gehört.

Geistreich

Schwierigkeitsgrad

● ● ○

Motivgröße

ca. 1 cm – 20 cm

Material

- Kürbis in Orange und Gelb
- Kastanienfrucht
- Kastanienschale
- 2 Wachholderbeeren
- getrocknetes Moos
- 2 kleine Lerchenzapfen
- 2 Ahornblätter
- 4 Hagebutten
- Tonpapierrest in Schwarz
- Apfel
- kleiner Zierapfel
- 2 Vogelbeeren,
- trockene Oregano-blüten
- Permanentmarker in Schwarz
- Lackmalstift in Weiß und Orange
- Zahnstocher
- Alleskleber

TIPP Falls sich die Stiele der Früchte nicht gut einstecken lassen, bohren Sie einfach ein kleines Einsteckloch mit einer spitzen Schere oder einem Milchdosenöffner in den Kürbis. Manchmal hilft auch ein Streichholz oder ein Zahnstocher als Verbindungsstück.

Kürbisdame

1 Für eine Kürbisdame streichst du Klebstoff auf die Hagebutten-stiele und steckst diese als Augen in den gelben Kürbis.

2 Fixieren Sie ein Stück Zahn-stocher hinten in der Kastanien-schale und stecken diese als Nase in den Kürbis.

3 Für den Mund schneidest du ein Stück Tonpapier zurecht, malst mit weißem Stift Zähne auf und klebst das Papier dann auf den Kürbis. Die Bäckchen werden mit einem Lackmalstift in Orange auf-gemalt.

Kürbisgeist

1 Klebe einem orangefarbenen Kürbis eine Kastanie als Nase auf.

2 Wachholderbeeren werden die Geisteraugen. Dann bestreichst du auch die Lerchenzapfen am Stil mit Klebstoff und steckst sie als Oh-ren links und rechts in den Kürbis.

3 Mit dem Permanentmarker zeichnest du dem Kürbismann ei-nen Mund auf, malst mit dem wei-ßen Lackmalstift Zähne und dem orangefarbenen Bäckchen drauf.

4 Zuletzt bekommt der Geist noch ein paar Haare aus getrocknetem Moos. Bestreiche den Kürbis oben mit Klebstoff. Dann kannst du das

Moos darauf festdrücken. Wenn du möchtest, fixierst du zuletzt noch ein paar Blätter an dem wilden Kerl.

Apfelkerl

1 Für einen Apfelkerl klebst du Beeren als Augen auf einen Apfel und steckst zwei Hagebutten als Ohren fest. Dann wird ein kleiner Zierapfel als Nase fixiert.

2 Den Mund zeichnest du mit Permanentmarker auf, und die Zähne mit weißem Lackmalstift. Für die Wangen verwendest du den Lackmalstift in Orange.

3 Die trockenen Blüten klebst du als Haare auf den Apfel. Fertig ist der Naturbursche.

Dracula

1 Zuerst bemalst du den gesamten Kochlöffelkopf mit weißer Acrylfarbe.

2 Lass die Farbe trocknen, bevor du den Stil mit roter Farbe übermalst.

3 Malen Sie nun die Haare, Nase und Mund auf den Draculakopf.

4 Klebe die Wackelaugen auf.

5 Ziehen Sie das rote Schleifenband mit Hilfe einer Nadel ca. 2 cm vom Stoffrand durch den Stoff und binden Sie das schwarze Tuch an den Kochlöffelhals.

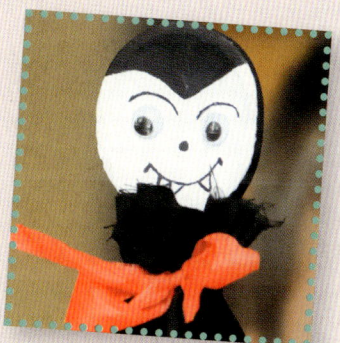

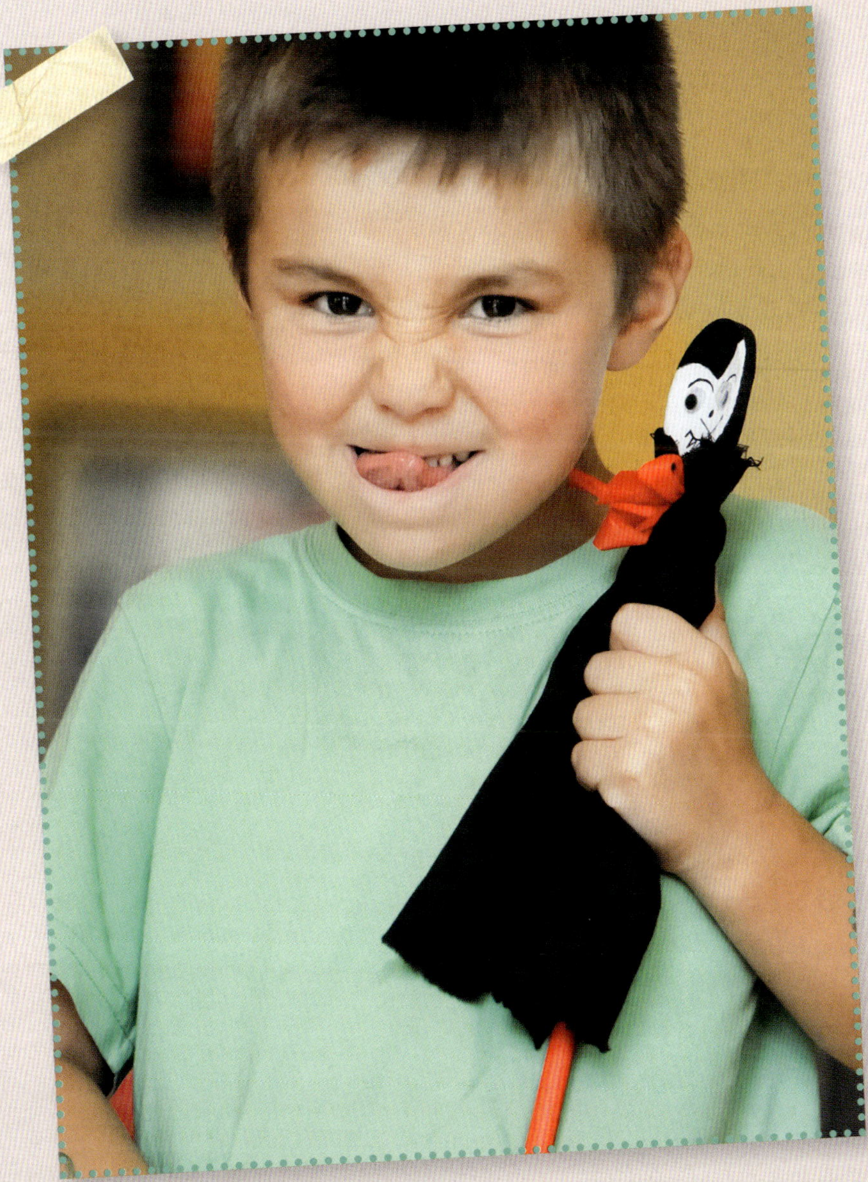

KOCHLÖFFEL-VAMPIR

TIPP Mit vielen gruseligen Kochlöffelfiguren lässt sich ein tolles Halloween-Puppentheater aufführen. Basteln lassen sich zum Beispiel Geister, Hexen, Vampire, schwarze Feen und Monster.

Schwierigkeitsgrad
●●●

Motivhöhe
25 cm

Material
- Holzlöffel
- 2 Wackelaugen, ø 1cm
- Stoff in Schwarz, 20 cm x 20 cm
- Schleifenband in Rot, 15 cm lang
- Acrylfarbe in Rot, Weiß und Schwarz

Vorlage
Seite 108

Sugar baby

1 Übertragen Sie die Schablonen auf schwarzes und orangenes Tonpapier. Schneiden Sie dann Nase und Mund aus.

2 Schneide die vier Kreise mit Hilfe einer Kinderschere aus.

3 Den kleinen schwarzen Kreis klebst du an den großen schwarzen Kreis. Für die Haare des Bonbonmannes klebst du drei Bonbons mit Hilfe von Klebefilm an den oberen kleinen schwarzen Kreis.

4 Knoten Sie mit Hilfe von Nylonschnur die Bonbons für Arme und Beine zusammen. Ihr kleiner Konditor kann diese dann an entsprechender Stelle am großen schwarzen Kreis mit Klebefilm fixieren.

5 Zum Schluss klebst du den großen orangefarbenen Kreis auf den großen schwarzen Kreis und nun den kleinen orange Kreis auf den kleinen schwarzen Kreis. Mit Kräuselband kannst du den süßen Kerl noch verzieren.

Schwierig-keitsgrad

● ● ●

Motivhöhe

30 cm

Material

◎ Tonpapier in Orange und Schwarz, 15 cm x 12 cm
◎ 2 ovale Wackelaugen, 2 cm x 1,5 cm
◎ 8 Bonbons
◎ Nylonschnur
◎ Klebefilm
◎ Kinderschere

Vorlage

Seite 109

HERBST? KEINE ZEIT FÜR LANGEWEILE!

Zugvögel

Die Kinder sitzen im Kreis um einen Erwachsenen herum. Dieser reißt die Arme hoch und ruft alle Vögel/Cremetorten/Papageien/Autos/Zebras/Spatzen fliegen hoch! Wer bei einem fluguntüchtigen Begriff ebenfalls die Hände hebt, muss ein Pfand abgeben und etwas Lustiges tun, um es zurück zu bekommen: einen Purzelbaum schlagen, einmal um den Kreis hüpfen oder ähnliches.

Regenmassage

Beginnen Sie ganz sanft mit den Fingerspitzen und trippeln Sie mit ihnen auf Kopf, Arme und Rücken des Kindes. Auf dem Rücken können Sie ein bisschen mehr Druck ausüben. Das macht auch müde Knirpse munter!

Drachenfest

So einfach geht ein Drachenfest: Auf ein abgeerntetes Feld gehen, dort (nach Absprache mit dem Bauern) ein großes Kartoffelfeuer machen. Kartoffeln, Stockbrot und Würstchen grillen und vor allem viele Drachen steigen lassen.
Oder den Spätsommer nutzen, in einen Steinbruch wandern und auf den Spuren der Dinosaurier Fossilien ausklopfen. Wer findet einen echten Urzeitdrachen?

HERBSTWIND

Ich hab eine lange Schnur,
daran flattert mein bunter Drachen.
(linken Arm hochhalten, an den Unterarm der rechten Hand fassen, rechte Hand flattert hin und her)
An jeder Ecke fünf Schleifen,
sein Mund kann lustig lachen.
(beide Hände neben dem Kopf bewegen)
Mein Drachen steigt hoch und höher,
es treibt ihn der wilde Wind.
(Arme strecken, auf Zehenspitzen stehen)
Da steigt er über die Dächer
und tanzt und wirbelt geschwind .
(Mit den Händen ein Dach bilden; rechter Arm tanzt auf und nieder, wie ein Drachenschwanz)
Oh seht, nun zappelt er wilder
und fliegt übers hohe Dach.
(alle pusten und zappeln)
Frohe Fahrt, mein lieber Drache,
wir winken dir alle nach!
(der Erwachsene „fliegt" fort, die Kinder winken ihm nach)

Stockbrot

Zutaten: 1 kg Mehl, 500 ml Wasser, 2 frische Hefewürfel, 1 TL Salz, nach Belieben: getrocknete Tomaten, Feta, Oliven, Kräuter der Provence (für die süße Variante nur 1 TL Salz und 3 EL Zucker, keine Kräuter, dafür zum fertigen Stockbrot Apfelmus)
Machen Sie einen Hefeteig und lassen Sie ihn mehrere Stunden gehen. Dazwischen ein- bis zweimal gut durchkneten. Das Stockbrot kann sich jedes Kind über einem Lagerfeuer an einem Ast selbst backen. Dazu eine kleine Teigwurst um den Ast wickeln und dann grillen.

Winter

Vorlese-
geschichte

Nikolaus ohne Mama

Mama ist nicht da. Sie ist für drei Tage auf einem Ärztekongress. Und dabei ist doch Nikolaus. Das ist eine solche Gemeinheit. Mia ist ganz außer sich. Sie hat im Kindergarten ein tolles Bild für Mama gemalt und Papa hat alle Schuhe der gesamten Familie geputzt – sogar Mamas Sandalen mit der silbernen Schnalle – damit der Nikolaus gerne seine Gaben verteilt. Leon sitzt im Wohnzimmer und isst die knusprigen Kekse, die Oma geschickt hat. Aber Mia tobt. Das Leben ist so ungerecht! „Ich will aber, dass Mama morgen da ist! So ist das doof!" Sie schreit am Morgen, sie brüllt am Mittag und keift auch noch beim Abendessen. Nach dem Essen hat sie einen ganz heißen Kopf und ihre Stimme ist heißer. Papa bringt Mia ins Bett und deckt sie zu. „Hoffentlich wirst du nicht krank, Miamaus" sagt Papa. Das wäre ja noch schöner! Dann wäre sie ja an Nikolaus krank! Nichts da. Wütend schläft Mia ein und so hört sie auch nicht, dass Papa mit Mama telefoniert. Aber Leon hört es genau: „Was, der Kongress gefällt dir nicht?" fragt Papa. Er hört sich ein bisschen besorgt an, denn Mama und Mia haben das gleiche Temperament. „Die reinste Werbeveranstaltung, da bin ich doch lieber morgen wieder in der Praxis. So eine Zeitverschwendung!" trompetet Mama. Mitten in der Nacht geht das Licht an im Kinderzimmer und Mama steht in der Tür. Überall auf ihren Haaren und dem grauen Mantel glitzern Schneeflocken. „Miamaus", sagt Mama leise, „der Nikolaus ist gekommen, dein Stiefel ist ganz voll". Aber das ist Mia egal. Mama ist da und sieht aus wie ein Engel.

Vogelfuttermännchen

Schwierigkeits-grad

Motivgröße
7–12 cm

Material

🌀 Ausstecher mit Wintermotiv, wie z. B. Schneemann, Eisstern, Lebkuchenmännchen oder Elch

🌀 500 g Kokosfett

🌀 2 Esslöffel Speiseöl

🌀 Kochlöffel

🌀 Teelöffel

🌀 500 g Körner-Früchte-Mischung oder Vogelfutter

🌀 je Ausstecher Ripsband in Rosa, Violett, Hellgrün oder Hellblau, 1 cm breit, 25 cm lang

Tipp Für die Körner-Früchte-Mischung eignen sich auch selbst gesammelte und getrocknete bzw. eingefrorene Sämereien und Früchte oder, wenn Sie spontan basteln, ein Müsli-rest.

1 Fett und Öl in einem Topf erwärmen. Geben Sie zusammen mit Ihrem Kind die Körner-Früchte-Mischung zu, verrühren Sie die Masse und lassen Sie alles kurz aufkochen.

2 An jede Ausstechform ein Band knoten, damit sie daran an einem Baum aufgehängt werden kann.

3 Die Masse kannst du mit einem kleinen Teelöffel und den Fingern in die Formen füllen und glatt streichen. Die Körner-Früchte-Mischung kann verwendet werden, wenn das Fett halb durchgehärtet ist, sie also gut formbar, aber nicht mehr flüssig ist.

4 Die dekorative Vogelleckerei muss nun noch vollständig erkalten, dann kannst du die Anhänger an einem Zweig im Garten festbinden.

Eispalast

1 Für die Gebäude suchst du dir jeweils zwei Plastikbehälter aus. Einen für den unteren Teil und einen für das Dach. Du klebst beide Behälter aufeinander. Wenn das Dach glitzern soll, streichst du mit dem Pinsel Kleister auf den oberen Behälter und streust mit den Fingern Silberglitter darauf. Dann sollte das Häuschen trocknen.

2 Helfen Sie ein bisschen mit: Die Türme werden nun weiß angestrichen, wenn sie aus einer Papprolle gemacht werden. Die transparenten Becher oder Blechdosen bleiben ohne Farbe. Für die Dächer wird entweder ein kleiner Plastikbecher mit Alufolie verkleidet oder ein Papierspitzendeckchen bzw. ein Papierkreis in der Mitte auseinander geschnitten und zu einem Spitzhut zusammengeklebt. Die Fenster und Türen werden ebenfalls ausgeschnitten oder es werden selbstklebende Etiketten verwendet.

3 Häuser und Türme werden beliebig verziert: Du kannst Pompons, Chenilledraht oder Alufolie aufkleben. Besonders frostig sehen die Gebäude aus, wenn man ein größeres Stück transparenter Geschenkfolie abschneidet, knüllt und es innen in die transparenten Plastikbehälter oben und an den Seiten einklebt.

4 Wenn alle Türme und Häuser deines Eispalasts fertig sind, klebst du sie auf einen großen Karton. Rund um die Gebäude Klebstoff auftragen und die Watte als Schnee aufdrücken. Fertig ist ein Schloss für Schneekönige!

Schwierigkeitsgrad

● ● ○

Motivgröße
Türme und Gebäude
ca. 15–25 cm

Material
- Karton in Weiß, A3
- Plastikbecher, -dosen und -körbchen in Weiß und Transparent
- Blechdose
- Küchenpapierrolle
- Streichholzinnenschachtel
- Geschenkfolie in Transparent
- Küchenalufolie
- Lametta in Silber
- Papierspitzendeckchen, ø ca. 10 cm
- Tonpapierrest in Weiß und Hellblau
- Sternchenmetallfolienrest in Silber
- Chenilledraht in Silber und Weiß, 50 cm lang
- Pompon in Weiß und Hellblau, ø 2 cm
- Acrylfarbe in Weiß
- Streuglitter in Silber
- Watte
- UHU Alleskleber
- Kleister
- dicker Borsten- oder Haarpinsel
- Klebeetiketten

TIPP Wer möchte, kann die transparenten Palastgebäude mit einer Minilichterkette beleuchten. Diese Szenerie eignet sich auch gut als Adventskalender.

O Tannenbaum!

Tannenbaum

1 Für den Tannenbaum falzt du sechs Tonpapierquadrate diagonal von Spitze zu Spitze – das sind die Wipfel.

2 Fertige den Baum von oben nach unten, das geht leichter: Lege dazu alle gefalzten Dreiecke mit der geschlossenen Seite nach unten: Jetzt sehen sie wie kleine Dächer aus. Klappe ein Dach auf und gib auf die oben liegende Ecke einen Klecks Klebstoff. Gut andrücken – die Spitze deines Tannenbaums ist fertig.

3 Mit dem nächsten Blätterdach machst du es genauso: Gib innen etwas Klebstoff hinein und stülpe es über die Spitze deines Baumes, aber nur bis zur Hälfte, damit sich die typischen Tannenwipfel bilden. Verfahre so auch mit den anderen Dreiecken.

4 Beim untersten Drei-eck schlitzen Sie mit dem Cutter in die Mitte der Falzkante eine kleine 2,5 cm breite Öffnung.

5 Aus dem braunen Papierrest schneidest du den Stamm des Tannenbaums (ca. 2,5 cm x 8 cm). Lass dir beim Ausmessen von einem Erwachsenen helfen. Falze den Stamm in der Mitte, so ist er stabiler. Gemeinsam führt ihr den Stamm durch den Schlitz und klebt ihn zur Sicherheit innen an.

6 Und nun kannst du deinen Baum nach Herzenslust schmücken. Mit den beiden Stanzern geht das ganz leicht. Stanze dir so viele Teile aus, wie du brauchst, dann gib immer einen Klecks Klebstoff auf den Tannenbaum und drücke Stern oder Schneeflocke kurz und kräftig an.

3D-Tanne

1 Für die 3-D-Tanne brauchst du insgesamt vier solche Bäumchen. Damit es schneller geht, nimm für jede Tanne nur drei Quadrate. Die vier Bäumchen gut trocknen lassen.

2 Knicken Sie die vier Bäumchen der Länge nach und klappen Sie sie wieder auf. Dann kleben Sie jeweils zwei Tannen aneinander. Zum Schluss nur eine Hälfte an den Rest ankleben – und schon steht der stolze Baum!

Schneemensch

Schwierig-
keitsgrad

● ● ●

Motivgröße
nach Lust und Laune

Material

⊚ Schnee
⊚ Zweige
⊚ Mütze oder Topf
⊚ Schal
⊚ Karotte
⊚ Kieselsteine
⊚ Besen

1 Rolle drei große Schneekugeln auf. Mit einem Schneeball beginnen und ihn dann einfach kreuz und quer durch den Garten kullern.

2 Helfen Sie Ihrem Sprössling beim Aufeinanderstellen der Kugeln.

3 Jetzt solltest du alle Spalten sorgfältig mit Schnee abdichten. Wenn du möchtest, kannst du dem Schneemenschen Arme anmodellieren.

4 Jetzt wird der Schneemann, die Schneefrau oder das Schneekind zum Leben erweckt: Mit Kieseln, Zweigen und einer Karotte bastelst du schnell ein Gesicht. Eine Mütze oder ein Schal lassen den Schneemenschen pfiffig aussehen. Ein Besen im Arm gibt zusätzliche Stabilität.

TIPP Fotografieren Sie Ihren kleinen Künstler zusammen mit seinem Schneemann – das ergibt eine tolle Grußkarte für Weihnachten!

Einfach dufte!

Schwierigkeitsgrad

● ● ●

Motivgröße

ø 6 – 10 cm

Material

- 🌀 400 g Wachslinsen
- 🌀 Farbpigmente in Grün oder Rot
- 🌀 alter Kochtopf und Kochlöffel
- 🌀 alte Backform, ø ca. 28 cm
- 🌀 Backpapier
- 🌀 Nelken oder Sternanis
- 🌀 Ausstechformen mit Weihnachtsmotiven, z. B. Stern, Schaukelpferd, Glocke oder Tannenbaum
- 🌀 Schaschlikspieß
- 🌀 Satinband in Dunkelrot oder Goldfaden, je Anhänger 20 cm lang

1 Legen Sie eine alte Backform mit Backpapier aus und achten Sie darauf, dass der Rand gut geschlossen ist.

2 Jetzt darfst du Sternanis oder Nelken auf dem Boden der Backform verteilen.

3 Füllen Sie gemeinsam mit Ihrem Kind die Wachslinsen und die Farbpigmente in einen Kochtopf. Die Zutaten erwärmen und dabei immer wieder umrühren.

4 Falls die Masse zu kochen beginnt, den Topf einfach zur Seite schieben und etwas warten, bevor das Wachs umgefüllt wird. Denn zu heißes Wachs fließt durch den Rand und den Boden der Kuchenform. Nach 15 bis 20 Minuten ist das Wachs so weit ausgehärtet, dass Sie den Backformrand entfernen können.

5 Jetzt kannst du mit den Keksförmchen die Weihnachtsmotive ausstechen.

6 Durch das Backpapier lösen sich die Motive ganz leicht vom Untergrund. Sie können aber auch nur die Wachsreste um die Ausstecher herum entfernen und dann das restliche Wachs wieder einschmelzen und den Vorgang wiederholen. Zum Aufhängen muss ein Loch mit dem Schaschlikspieß hineingestochen werden.

7 Schneiden Sie für jeden Anhänger ein 20 cm langes Stück Satinband ab, fädeln Sie es durch das Loch des Wachsanhängers, verknoten Sie es und Ihr Kind kann mit dem Schmücken des Weihnachtsbaumes beginnen.

TIPPS Statt Wachslinsen und Farbpigmenten kann man einfach alte Kerzenreste in Lieblingsfarben einschmelzen.

Besonders schnell können Sie Topf und Backform säubern, wenn kochendes Wasser (am besten aus dem Wasserkocher) über die gebrauchten Utensilien gegossen wird.

Sternenglanz

Schwierig-keitsgrad

● ○ ○

Motivgröße

ø 9 cm und 15 cm

Material

- 🌀 1 kg lufthärtende Modelliermasse
- 🌀 Ausstechformen „Stern", ø 9 cm und 15 cm
- 🌀 Wasserfarbe in Gelb und Orange
- 🌀 Acrylfarbe mit Goldglimmer
- 🌀 Pinsel
- 🌀 Wellholz
- 🌀 Backpapier
- 🌀 Klebefilm
- 🌀 24 Teelichter

1 Auf Backpapier darfst du die Modelliermasse auswellen, bis sie ca. 1 cm dick ist. Leichter geht es, wenn das Backpapier mit Klebestreifen an der Arbeitsplatte befestigt wird.

2 Nun kannst du 24 kleine und große Sterne ausstechen. Die Sternausstecher fest in den Teig drücken. und etwas rütteln.

3 Durch das Backpapier lösen sich die Sterne ganz leicht vom Untergrund. Sie können aber auch nur die Teigreste um die Motive herum entfernen und dann das komplette Backpapier zum Trocknen auf ein Blech ziehen.

4 Drücken Sie in jeden Stern ein Teelicht ca. 0,5 cm tief hinein und entfernen Sie es zum Trocknen wieder, damit die Teelichter später „kindersicher" halten.

5 Mit gelber und orangener Wasserfarbe malst du nun die Sterne an. Nach dem Trocknen der Farbe kannst du deine schönsten Sterne zusätzlich mit Goldglimmer bestreichen.

TIPP Der Adventsweg kann ein schönes Ritual sein. An jedem Dezemberabend wird ein Stern mehr angezündet und so die Wartezeit bis Weihnachten verdeutlicht. Besonders anschaulich ist eine Krippe am Ende des Weges.

Kalendarium

1 Du stellst auf einer großen Malunterlage die Farben, die Papierrollen, Pinsel und den Pappteller bereit. Dann malst du 19 Papierrollen dunkelgrün und fünf Papierrollen dunkelbraun an. Zum Trocknen werden die Papierrollen auf der Malunterlage einfach aufgestellt.

2 Die Papierrollen werden, wie auf der Vorlage zu sehen, zu Reihen zusammengeklebt und nach dem Trocknen einfach übereinandergestapelt.

3 Die 24 Bögen Seidenpapier darfst du zu je einer Kugel zusammenknüllen.

4 Für die Goldsterne übertragen Sie die Vorlage auf ein Stück Pappe und schneiden diese aus. Zeichnen Sie damit 24 Sterne auf goldfarbenes Tonpapier und schneiden Sie diese gemeinsam mit Ihrem Kind aus.

5 Die Goldsterne von 1 bis 24 durchnummerieren und gut trocknen lassen.

6 Mit der Nadel und Goldfaden mittig durch die Seidenpapierkugel, den Stern und die Holzperle fädeln. Anschließend fädeln Sie zurück durch den Stern und die Papierkugel.

7 Die überstehenden Anfangs- und Endfäden fest verknoten und das fertige Türchen in die erste Papierrollenöffnung stecken. Mit den 23 folgenden Kalendertüren genauso verfahren. Ihr Kind hilft sicherlich gerne beim Auffädeln.

Schwierigkeitsgrad

● ● ●

Motivgröße
ca. 35 cm x 20 cm

Material
- 24 Toilettenpapierrollen
- Acrylfarbe in Dunkelgrün und Dunkelbraun
- großer Borstenpinsel
- Pappteller
- 19 Bögen Seidenpapier in Dunkelgrün, A4
- 5 Bögen Seidenpapier in Dunkelbraun, A4
- 24 Holzkugeln (durchgebohrt), ø 10 mm, in verschiedenen Grüntönen
- Fotokarton in Gold, A4
- Lackmalstift in Schwarz
- Goldfaden
- Nähnadel mit Spitze, Größe 18
- UHU Alleskleber

Vorlage
Seite 111

Geschenkt!

**Schwierig-
keitsgrad**

● ● ●

Motivgröße

A4

Material

- Seidenpapier in Weiß, A4
- Wasserfarben
- Pinsel
- Weißleim, bzw. Holzleim
- Deckel
- Glitzerstaub in Gold, Silber und Fuchsia
- farblich passende Geschenk-bänder, je ca. 1 m lang

TIPP Wenn Sie Weißleim mit einem weihnachtlichen Motivstempel auf-drucken, wird das Geschenkpapier noch glamouröser.

1 Das Seidenpapier zur Hälfte fal-ten und noch einmal in der Mitte falten.

2 Du deckst deinen Arbeitsplatz mit einer Malunterlage ab und legst das gefaltete Seidenpapier, die Wasserfarben und einen Pinsel bereit.

3 Jetzt kannst du Streifen auf das Papier malen. Wichtig ist dabei, den Farbauftrag so lange zu wie-derholen, bis die Farbe durch alle Lagen gesickert ist (Rückseite kon-trollieren).

4 Lassen Sie das Papier zusam-mengefaltet, bis es ganz trocken ist. Dann vorsichtig auseinander falten und mit den Händen glätten.

5 Geben Sie etwas Weißleim in einen Deckel.

6 Du kannst mit dem Finger Leimpunkte auf das Seidenpapier drucken. Diese weißen Punkte mit Glitter bestreuen, trocknen lassen und zuletzt den überschüssigen Glitter abschütteln, fertig!

7 Die Weihnachtsgeschenke lie-bevoll mit diesem glänzenden Geschenkpapier verpacken und mit passenden Schleifen verzieren.

Nikolausstiefel

1 Den roten Kinderstiefel außen mit Schwamm und lauwarmen Seifenwasser von Staub und Dreck reinigen und gut trocken wischen.

2 Schütteln Sie den Permanentmarker, öffnen Sie die Kappe und drücken Sie die Spitze mehrfach auf einen Tonpapierrest, bis weiße Farbe herauskommt. Probieren Sie den Stift eine Weile aus.

3 Währenddessen überlegst du dir, wie du deinen Stiefel bemalen willst. Zeichne mit dem Permanentmarker von links nach rechts auf deinen Stiefel. Achte darauf, dass die Muster ringsherum verlaufen und dass die Farbe nicht durch versehentliches Anfassen verwischt.

Du kannst den Stiefel auch in mehreren Etappen bemalen, z. B. am ersten Tag nur die Ränder, am zweiten die restlichen Flächen.

4 Anstelle vieler verschiedener Muster kannst du auch nur eines auswählen und dieses in der Größe verändern. Wir haben das in unserem Beispiel mit einer Schneeflocke gemacht. Am oberen und unteren Rand sitzen einfache Sterne, auf den großen Flächen dagegen riesige Schneeflocken. Die Schneeflocke geht so: Zeichne zunächst ein Kreuz und füge dann jeweils ein kleines Häkchen in der Mitte und am Ende hinzu. Danach ziehst du die zwei restlichen schrägen Striche und versiehst auch sie mit kleinen Häkchen – und schon strahlt dein Stiefel im Schwedenlook. Wetten, dass ihn der Nikolaus gerne befüllt?

TIPP Aus alt mach neu: Heben Sie zu klein gewordene Gummistiefel Ihrer Kinder auf und bemalen Sie sie gemeinsam. So ein individueller Stiefel löst sicher große Freude aus!

Schwierigkeitsgrad
● ▨ ▨

Motivgröße
ca. 17 cm

Material
- Kindergummistiefel in Rot
- Schwamm
- Trockenhandtuch
- farbiger Tonpapierrest
- wasserfester Permanentmarker in Weiß

Denk daran!

1 Vermische Mehl und Salz zunächst mit den Händen, dann gib Wasser und Öl hinzu. Knete den Teig danach kräftig durch. Der fertige Teig soll sich weich und geschmeidig anfühlen und nicht mehr an den Händen kleben. Ist er zu feucht, gibst du noch etwas Mehl hinzu. Forme aus dem Teig eine Kugel. Lass die Masse danach eine halbe Stunde im Kühlschrank ruhen – so lässt sie sich später besser ausrollen.

2 Rolle den Teig mit einem Nudelholz flach aus. Der Teig sollte etwa 8 mm dick sein. Wenn er zu dick ist, besteht die Gefahr, dass er im Ofen reißt.

3 Lasse die Ausstechförmchen dran, während du mit dem Ende eines Pinselstiels Vertiefungen für die Magnete in den Teig drückst. So bleiben die Formen erhalten. Mach die Löcher etwas größer als der Magnet eigentlich ist, da sich der Teig beim Erhärten im Ofen zusammenzieht.

4 Helfen Sie dem kleinen Künstler beim Ablösen seiner Kunstwerke: Drücken Sie dazu das Küchenmesser flach aufs Brett und schieben das Messer vorsichtig unter Teig und Form.

5 Legen Sie die fertig geformten Stücke auf ein mit Alufolie beschichtetes Backblech. Um ein Aufplatzen des Teiges zu verhindern, die Temperatur allmählich ansteigen lassen: Backen Sie die Modelle jeweils 20 Minuten bei 80, 100, 120 und 150 °C in der mittleren Schiebeleiste des Backofens. Anschließend die Modelle in Ruhe auskühlen lassen.

6 Überprüfen Sie, ob die Magnete in die vorgestanzten Löcher passen. Gegebenenfalls vergrößern Sie die Löcher mit einem spitzen Messer. Ränder glätten Sie mit Schmirgelpapier. Die Magnete werden mit Klebstoff in den Vertiefungen fixiert. Über Nacht trocknen lassen, damit die Magnete wirklich halten.

7 Jetzt geht's ans Bemalen: Grundiere die Stücke in verschiedenen Farben. Sobald sie getrocknet sind, fügst du Muster oder Gesichter mit einem Zahnstocher oder Schaschlikspieß hinzu. Male die Teile dann noch auf der Rückseite an, so sind sie besser haltbar.

8 Biegen Sie eine metallene Buchstütze auseinander: Schreiben Sie Wünsche oder Geschenkideen auf kleine Zettel und pinnen die selbst gemachten Magnete an die Tafel – so geht keine Idee mehr verloren!

TIPP Keine Magnettafel in Sicht? Dann verwenden Sie doch den Kühlschrank als Memoboard! Anstelle von Salzteig können Sie auch mit lufttrocknender Modelliermasse arbeiten. Die Magnete werden dabei einfach in die Masse hineingedrückt.

Schwierigkeitsgrad

Motivgröße

27,8 cm x 8,5 cm

Material

- 2 Tassen Mehl
- 1 Tasse Salz
- 1 Tasse Wasser
- 1 EL Öl
- Schüssel
- Schneidebrettchen
- Messer
- Ausstechformen
- Alufolie
- Nudelholz
- Magnettafel (hier: Buchstütze aus Metall)

- runde Magnete (für Glas-Magnettafeln), ø ca. 8 mm
- Schmirgelpapier
- Acrylfarben
- Malpalette
- Wasserglas
- Mallappen
- verschiedene Pinsel
- Zahnstocher oder Schaschlikspieße
- UHU Bastelkleber

Beeindruckend

TIPP Man kann auch semitransparente Butterbrottüten verwenden und viele bunte Sterne aufdrucken. So bekommt man eine tolle Windlichthülle.

1 Bereiten Sie für Ihr Kind die Kartoffel vor: Dazu die Sternenschablone auf den Kartoffelhälften mit Stecknadeln feststecken und mit dem Messer den Rand rund um die Sterne, ca. 1 cm tief, abschneiden. Die Kartoffel mit einem Tuch abtupfen.

2 Nun kannst du die Sterne in Plakafarbe tauchen und anschließend auf die Tüte drücken. Nach jedem Stern wieder neue Farbe auf die Kartoffel geben. Die eine Kartoffel ausschließlich für gelbe, die andere nur für goldene Sterne verwenden, dann wird das Ergebnis besonders schön.

Schwierig-keitsgrad
● ● ○

Motivgröße
50 cm x 25 cm

Material
⊚ Papiertüte in Braun
⊚ Kartoffel, ø 7 cm
⊚ Plakafarbe in Gold und Gelb

Vorlage
Seite 111

Kurze Kerzen

Schwierigkeitsgrad
● ● ●

Motivgröße
8 cm und 10 cm

Material
⊚ Kerzenreste
⊚ Joghurtbecher
⊚ Marmeladengläser
⊚ Topf

⊚ Docht, 12 cm und 16 cm lang
⊚ Schaschlikspieß
⊚ Perle, ø 8 mm
⊚ Glitzerpuder in Bronze und Türkis

2 Nun kannst du die Kerzenstücke, nach Farben sortiert, in die Gläser geben.

3 Anschließend kannst du die Gläser in einen Topf mit Wasser stellen und das Wachs zum Schmelzen bringen, ohne dass Wasser in das Wachs spritzt. Das nennt man ein „Wasserbad".

4 In der Zeit, in der das Wachs schmilzt, bereiten Sie für Ihren Kerzenkünstler die Joghurtbecher vor. Messen Sie dazu den Docht entsprechend der Höhe vom Becher ab und geben Sie noch ca. 4 cm dazu.

An einem Ende des Dochts die Perlen anknoten, am anderen einen Schaschlikspieß. Nun den Schaschlikspieß quer auf den Becher legen, sodass die Perle auf dem Becherboden liegt.

5 Ist das Wachs geschmolzen, kannst du den Becher mit Wachs füllen. Achtung, das Glas kann heiß sein! Ziehe dir evtl. Handschuhe an. Um eine Streifenkerze zu gießen, musst du nach jeder Wachsschicht eine kleine Pause machen, bis die Schicht abgekühlt ist. Dann kannst du die nächste Wachsschicht darauf gießen.

6 Ist der Becher gefüllt und abgekühlt, kannst du die Kerze herausnehmen.

7 Entfernen Sie den Schaschlikspieß und kürzen Sie den Docht.

8 Zum Schluss kannst du die Kerze mit Klebstoff bestreichen und mit Glimmerpuder bestreuen.

TIPP Kerzen lassen sich außerdem mit Duftölen versehen. Diese werden in das flüssige Wachs eingerührt. Setzen Sie die Düfte aber nur sparsam ein, sonst riechen sie künstlich.

1 Stellen Sie die Materialien für Ihr Kind bereit. Schneiden Sie die Kerzenreste in kleine Stücke und stellen Sie für jede Wachsfarbe ein altes Marmeladenglas bereit.

Eiskristalle

1 Du malst die Zweige an, entweder alle in Silber oder in Weiß
oder in Gold. Wenn die Farbe
noch feucht ist, können Glitter oder
Sternchen aufgestreut werden.
Dann sollten die Zweige trocknen.

2 Schneiden Sie gemeinsam mit
Ihrem Kind die Zweige in jeweils
mindestens zwei gleich lange Stücke. Bei diesen Sternen hier sind die
Stücke 5 cm–20 cm lang.

3 Legen Sie jeweils vier Zweigstücke über Kreuz aufeinander
und weben Sie die Kordel abwechselnd einmal über und einmal unter
den folgenden Zweig. Die Kordel
fest zusammenziehen und verknoten. Fertig ist der erste Stern.

4 Für die Variante bohren Sie
mit einer kleinen Schere oder
dem Milchdosenöffner Löcher in
die Styropor®-Kugel.

5 Du gibst etwas Kleber in das
Loch und steckst ein Zweigstück
hinein. Ein ausgestanzter oder
geschnittener Papierstern wird
vom Kind auf die Kugel geklebt.
Du kannst die Kugel aber auch mit
vielen kleinen Sternen oder einer
Perle verzieren.

6 Zum Schluss bekommen die
Zweigsterne noch einen Aufhänger
aus der silbernen Kordel.

Kuschelkugeln

TIPP Wenn die
Kinder beim Einste-
cken des Chenille-
drahtes Schwierig-
keiten haben, die
Einstecklöcher mit
einem Milchdosen-
öffner vorbohren.

1 Du reißt dir ein Alufolienquadrat
von der Rolle und umwickelst damit
die Styropor®-Kugel: Lege die Kugel
in die Mitte, schlage die Seiten
nach oben, drücke die Alufolie dicht
an die Kugel, verdrehe den Rest der
Folie zu einem Schwänzchen und
schneide dieses bis auf ca. 2 cm ab.

2 Für die Verzierungen werden
vom Chenilledraht Stücke abgeschnitten. Zum Einstecken dieser
Stücke oben und unten je ca. 2 cm
zugeben.

3 Du bohrst den Draht ca. 2 cm
gerade in die Kugel, biegst den
Draht nach unten und steckst die
restlichen 2 cm in die Alukugel
gerade ein. Chenilledraht in Form
drücken.

4 So bekommst du Punkte:
Chenilledrahtstück einstecken,
um den Zeigefinger wickeln
und das Ende wieder in das
Einstichloch stecken.

5 Auf diese Weise entsteht ein Stern: Chenille-
drahtstücke, 10 cm lang
in Pink, Hell- und Dunkel-
violett kreuzförmig über-
einander einstecken.

6 Bringen Sie abschließend einen Nylonfaden als
Aufhänger an.

Lichterglanz

1 Bereiten Sie für Ihr Kind die Kerzenschablonen vor. Dazu zeichnen Sie mindestens sechsmal die Kerzenschablonen auf festen Karton auf. Anschließend schneiden Sie die Kerzen aus.

2 Nun legst du die Kerzenschablonen auf weißes Papier. Danach streichst du kräftig mit der Zahnbürste, die du zuvor mit Wasserfarbe getränkt hast, über dein Spritzsieb. Der Farbregen kann alle deine Lieblingsfarben haben.

3 Lass das Bild gut trocknen und nimm erst anschließend die Schablonen vom Blatt.

4 Decken Sie nun den unteren Kerzenteil ab. Am besten einfach die Kerzenschablone umdrehen, sodass nur die Flamme frei bleibt.

5 Jetzt spritzt du mit dem Sieb und einer sauber ausgewaschenen Zahnbürste gelbe Farbe auf die Kerzenflammen.

Schwierigkeitsgrad
● ● ○

Motivgröße
20 cm x 30 cm

Material
- Aquarellpapier, A3
- Wasserfarbe
- Spritzsieb
- Zahnbürste
- Karton

Vorlage
Seite 111

Feuer und Flamme

1 Teile die Wachsmalkreide in zwei handliche Stücke. Mit der Längsseite malst du ein weißes Zeichenpapier am Rand an. Kräftig aufdrücken!

2 Damit nichts verrutscht, befestigst du das bemalte Bild mit Kreppklebestreifen auf einem Papierbogen. Nun reibst du mit deinem Zeigefinger die Farbe über den Rand.

3 Jetzt wird's spannend: Sobald du die Farbvorlage vorsichtig ablöst, kommen tolle Wischspuren zum Vorschein. Wenn die Farbe sich nicht mehr verwischen lässt, übermalst du sie erneut oder fertigst dir eine neue Farbschablone an.

4 Schneide deinen Lieblings-Ausschnitt aus dem Musterpapier aus. Für eine Toilettenpapierrolle benötigst du das Maß 9,7 cm x 15 cm.

5 Füllen Sie kaltes Wasser in ein Marmeladenglas und rühren Sie zwei Teelöffel Tapetenkleister ein. 30 Minuten lang quellen lassen.

6 Übertragen Sie die Vorlagen für Flamme, Innenflamme und Stern auf das farbige Papier und schneiden sie aus. Bekleben Sie die beiden Außenseiten der Flamme mit den orangefarbenen Innenflammen. Dann lassen Sie das Lichtlein trocknen.

7 Jetzt darfst du die Papprolle mit dem Pinsel einkleistern.

8 Anschließend beziehen Sie die Papprolle vorsichtig mit dem Musterpapier.

9 Legen Sie den Stern auf eine Pappunterlage und ritzen Sie ihn mit dem Cutter ein. Falzen Sie die Flamme in der Mitte. Führen Sie beide Enden in den Schlitz und knicken Sie sie nach außen um. Bestreichen Sie die Sternspitzen mit Klebstoff und kleben Sie den Stern oben auf die Papprolle.

Schwierigkeitsgrad
● ● ●

Motivhöhe
14,5 – 20 cm

Material
- Papprollen (z. B. Toilettenpapierrollen, Haushaltsrollen)
- Zeichenpapier, A4
- Lineal
- Wachsmalkreiden
- Tapetenkleister
- Teelöffel
- Glas
- Borstenpinsel
- Tonpapierreste in Weinrot, Hellblau, Gelb und Orange
- Kreppklebeband
- Cutter
- Schneideunterlage

Vorlage
Seite 110

Becherengel

1 Du stellst auf einer Malunterlage die Farben, die Becher, Pinsel und Pappteller bereit.

2 Du bemalst nun zwei Becher mit Goldglimmer und einen Becher in Weiß. Zum Trocknen die Becher auf den Rand stellen.

3 Mit der spitzen Schere schneiden Sie in jeden Becherboden ein ca. 3 mm großes Loch.

4 Für den Kopf malst du auf die große Holzkugel das Gesicht. Du kannst dafür die Vorlage zu Hilfe nehmen. Die goldenen Haare werden am Hinterkopf festgeklebt.

5 Die Flügelform überträgt ein Erwachsener für dich von der Vorlage auf goldenen Fotokarton. Dann kannst du die Flügel mit einer Kinderschere ausschneiden.

6 Alle Körperteile werden nun mit Papierdraht zum Engel zusammen gefädelt. Lassen Sie Ihr Kind zwei kleine Holzperlen (Füße) auffädeln und machen Sie an beide Enden drei Knoten übereinander.

Legen Sie den Papierdraht doppelt und machen Sie noch einen Knoten ca. 15 cm von den Füßen entfernt in beide Papierdrahtstränge – schon sind die Beine fertig!

7 Für den Körper fädeln Sie mit der Papierdrahtschlaufe die Becher in der Reihenfolge gold, weiß, gold auf. Nach jedem Becher machen Sie einen Knoten ca. 2 cm vom letzten Becherboden entfernt, damit das Engelskleid schön fällt.

8 Abschließend wird der Kopf aufgefädelt; diesen mit mehreren Knoten fixieren.

9 Als letzten Schritt die Flügel auf dem Becherkörper festkleben und den Engel fliegen lassen!

TIPP Die Engelsflügel sind besonders himmlisch, wenn Sie sie mit weißen oder goldenen Federn bekleben.

Santa Claus

1 Messen Sie die Küchenrolle aus und zeichnen Sie auf die drei Filzstücke je ein Rechteck für Bischofsmütze (rot), Gesicht (hautfarben) und Körper (weiß) so auf, dass die Filzstücke beim Aufkleben an der Rückseite ca. 1 cm überlappen.

2 Für die Bischofsmütze drücken Sie die Küchenrolle an einem Ende zusammen und schneiden mit der Schere ein abgerundetes Dreieck heraus.

3 Du schneidest in der Zwischenzeit die Rechtecke aus und klebst sie nacheinander auf die Küchenrolle. Den überstehenden Filz der Bischofsmütze nach innen stopfen, damit die klassische Form der Mütze gut zu sehen ist.

4 Das Kreuz entsteht durch zwei ca. 5 mm breite und 4 cm bzw. 5 cm lange Streifen, die nach dem Ausschneiden auf die Bischofsmütze geklebt werden.

5 Für das Gesicht klebst du zwei Wackelaugen auf und drückst einen Reißnagel für die Nase in die Papprolle. Der Bart wird mit Hilfe der Vorlage aus weißem Filz zugeschnitten.

6 Zuletzt übertragen Sie zusammen mit Ihrem Kind den Umhang aus der Vorlage auf roten Filz und schneiden ihn zusammen aus. Der Umhang wird mit dem zweiten Reißnagel unterhalb des Barts befestigt.

Schwierigkeitsgrad
● ● ●

Motivhöhe
ca. 26 cm

Material
- ⟳ Küchenrolle
- ⟳ Bastelfilz in Hautfarbe, Weiß und Rot, A4
- ⟳ Maßband
- ⟳ Bleistift, evtl. Lineal
- ⟳ 2 Wackelaugen, ø 10 mm
- ⟳ 2 Reißnägel, Rot und Weiß
- ⟳ doppelseitiges Klebeband

Vorlage
Seite 111

TIPP Aus einer Küchenrolle und Bastelfilz lassen sich übrigens auch alle Krippenfiguren basteln. Für die Schafe Toilettenpapierrollen verwenden.

Knallbonbon

Motivlänge

25 cm

Material

- Toilettenpapierrolle
- doppelseitige Hobby-Alufolie, 18,5 cm x 29,5 cm
- Krepppapier in verschiedenen Farben
- kleines Geschenk (z. B. Miniplüschtier, Bonbons, Zeichnung)
- Glitzersteine
- Glöckchen
- Goldfaden
- Lineal
- Kleister
- Borstenpinsel
- Motivlocher „Stern", ø 1,3 cm
- Musterschere
- Watte
- Küchenkrepp

TIPPS Soll das Silvesterbonbon in der Mitte golden und außen farbig sein, beginnen Sie die Bastelarbeit auf der farbigen Seite.

Basteln Sie für jedes Familienmitglied ein Knallbonbon und dekorieren Sie damit die Teller am Silvesterabend.

1 Legen Sie den Bogen Metallfolie hochkant vor sich. Die goldene Seite liegt oben. Am unteren Rand zeichnen Sie im Abstand von 3,6 cm vier senkrechte Linien ein.

2 Jetzt bist du dran: Lege den Stanzer an die erste der eingezeichneten Linien an und stanze vier Sternchen aus. Hebe die Sternchen auf, du kannst sie später noch brauchen. Drehe dein Blatt so um, dass die farbige Seite oben liegt; die Sternlöcher befinden sich immer noch an der Unterkante.

3 Falzen Sie die Unterkante mit den Sternlöchern zur Oberkante. Jetzt liegt wieder die goldene Seite oben. Öffnen Sie die Arbeit und knicken Sie die Sternenkante so nach unten, dass sich in der Mitte ein ca. 6 cm breiter farbiger Streifen ergibt. Unten sollte ein ca. 2,5 cm breiter goldener Streifen überstehen.

4 Stanze gegenüber der ersten Sternreihe noch vier weitere Sternchen aus. Sie sind als Vertiefung sichtbar.

5 Nun knicken Sie den unteren Folienrand bis zur darüber liegenden farbigen Kante und legen ihn ca. 2 mm unter die Kante: Der farbige Mittelteil ist von zwei schmalen goldenen Streifen umrahmt.

6 Kürze die Faltarbeit an der Schmalseite mit der Musterschere um einen ca. 1,5 cm breiten Streifen. Dieser Rest eignet sich gut zum Verzieren.

7 Kleistere mit dem Pinsel die Papprolle ein und lege sie hochkant und mittig auf die Rückseite der Folie.

8 Wickeln Sie die Folie um die Rolle und drücken Sie diese gut an. Überschüssigen Kleister wischen Sie mit etwas Küchenkrepp weg.

9 Jetzt wird's leichter: Schneide die herausstehenden Ränder mit der Kinderschere mehrfach ein und falze sie nach innen: Daraus wird eine weiche Kante.

10 Schneide aus dem Krepppapier ein 25 cm x 25 cm großes Stück und wickele eine kleine Überraschung, die acht Metallsternchen und etwas Füllwatte darin ein.

11 Schiebe zusammen mit einem Erwachsenen die Krepprolle durch die Rolle und stopfe an beiden Öffnungen ein bis zwei Bällchen Füllwatte nach.

12 Fädeln Sie eine Schelle, ein Glöckchen und eine Glitzerperle auf je einen Goldfaden und binden Sie die Zipfel damit zu.

13 Schüttle dein Bonbon leicht – schon fängt es zu klingeln an.

WINTER? KEINE ZEIT FÜR LANGEWEILE!

Eispalast

Wenn endlich einmal Schnee fällt, macht es riesen Spaß, eine große Schneespirale zu trampeln oder eine Schneeburg zu bauen. Weil es in dieser Zeit des Jahres so früh dunkel wird, bietet es sich an, das Bauwerk mit Wunderkerzen oder Teelichtchen zu beleuchten. Wenn Sie eine ganze Kindergruppe beschäftigen möchten, machen Sie einfach ein großes Schneelabyrinth.

Vorlesegeschichte

In der dunklen Jahreszeit ist eine Vorlesegeschichte herrlich. Aber noch schöner ist es, wenn sie ein interaktives Element hat. Sorgen Sie für eine starke Lichtquelle, dann zeigen Sie den Kindern erste, einfache Schattenfiguren, die sie, wenn das jeweilige Tier in der Geschichte auftaucht, im Lichtkegel spielen können.

Tierkinder

Um den Winter zu erleben, können Sie zu einer Wildfütterung in den Wald gehen (das örtliche Forstamt kann Auskunft über die Termine geben) oder einfach einen langen Spaziergang mit dem Schlitten machen (heißen Tee nicht vergessen) – dabei sollen die kleinen Wildhüter immer wieder ganz leise sein, um die Winterstille zu hören.

Orgelpfeifen

In der Weihnachtszeit bietet sich natürlich ein Besuch in der Kirche an – die mit Kerzen beleuchteten Gebäude sind sehr eindrucksvoll. Aber auch die Orgelmusik ist etwas ganz Besonderes. Anschließend bietet sich das Orgelpfeifenspiel an: Allen Kindern werden die Augen verbunden. Dann sollen die kleinen Orgelpfeifen versuchen, sich der Größe nach aufzustellen.

Naschbaum

Mit bunten Bändern lassen sich Äpfel in einen kahlen Baum hängen, damit die Vögel in der kalten Jahreszeit etwas zum Naschen haben. Das ist ein ganz besonderer Weihnachtsbaum und vermittelt den Kindern, wie schön es ist, fürsorglich mit anderen Geschöpfen umzugehen.

Vorlagen

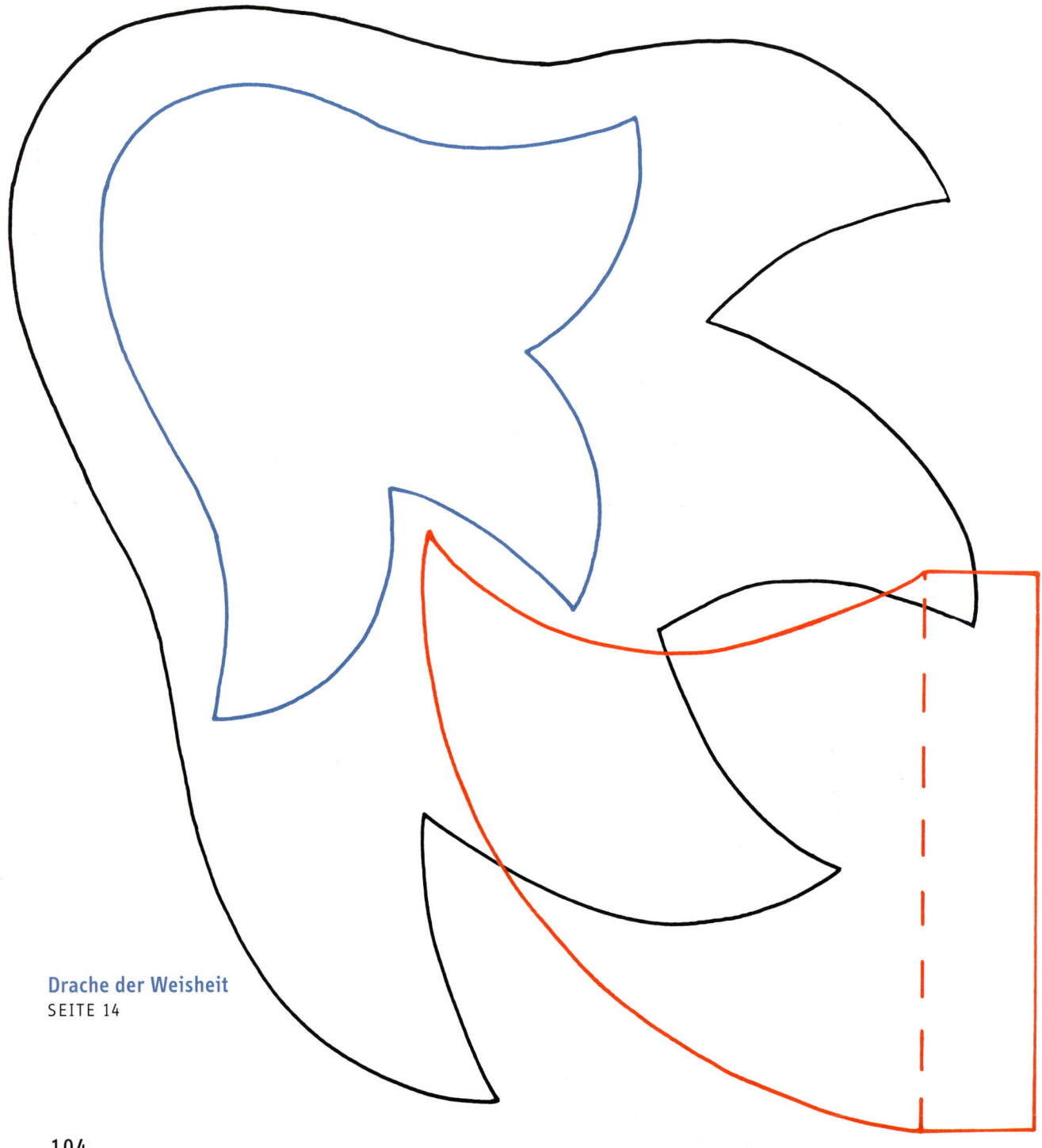

Drache der Weisheit
SEITE 14

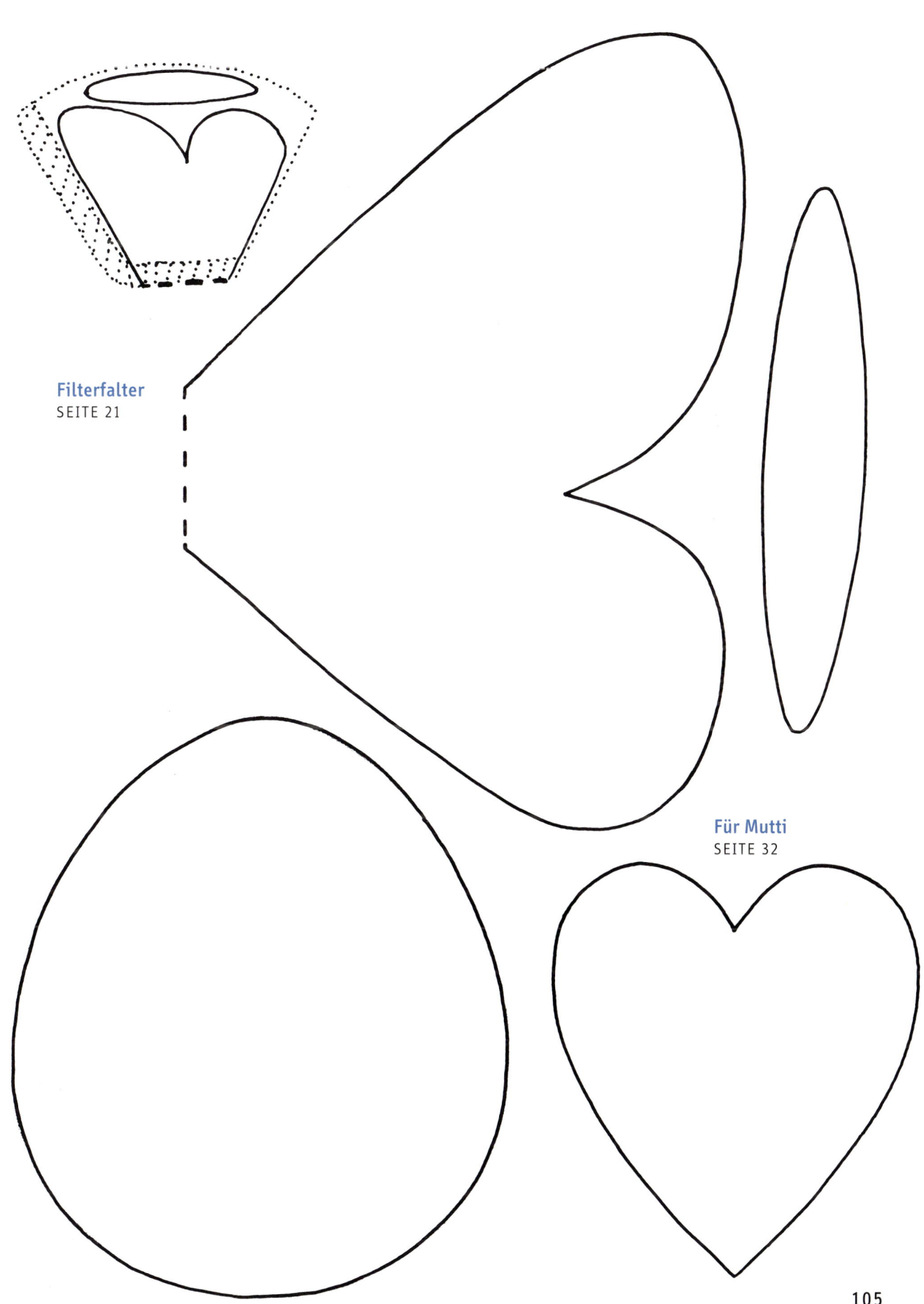

Filterfalter
SEITE 21

Für Mutti
SEITE 32

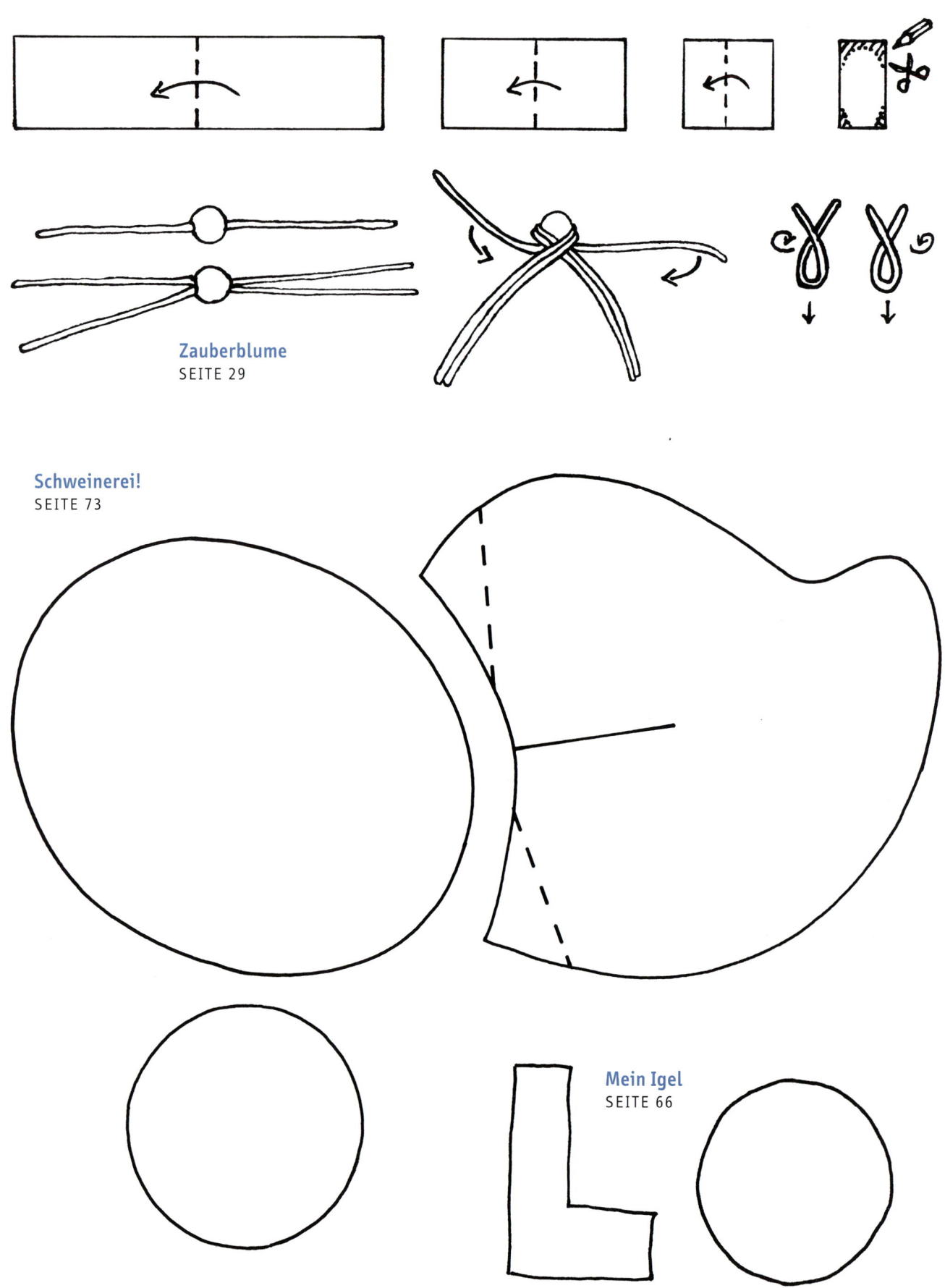

Zauberblume
SEITE 29

Schweinerei!
SEITE 73

Mein Igel
SEITE 66

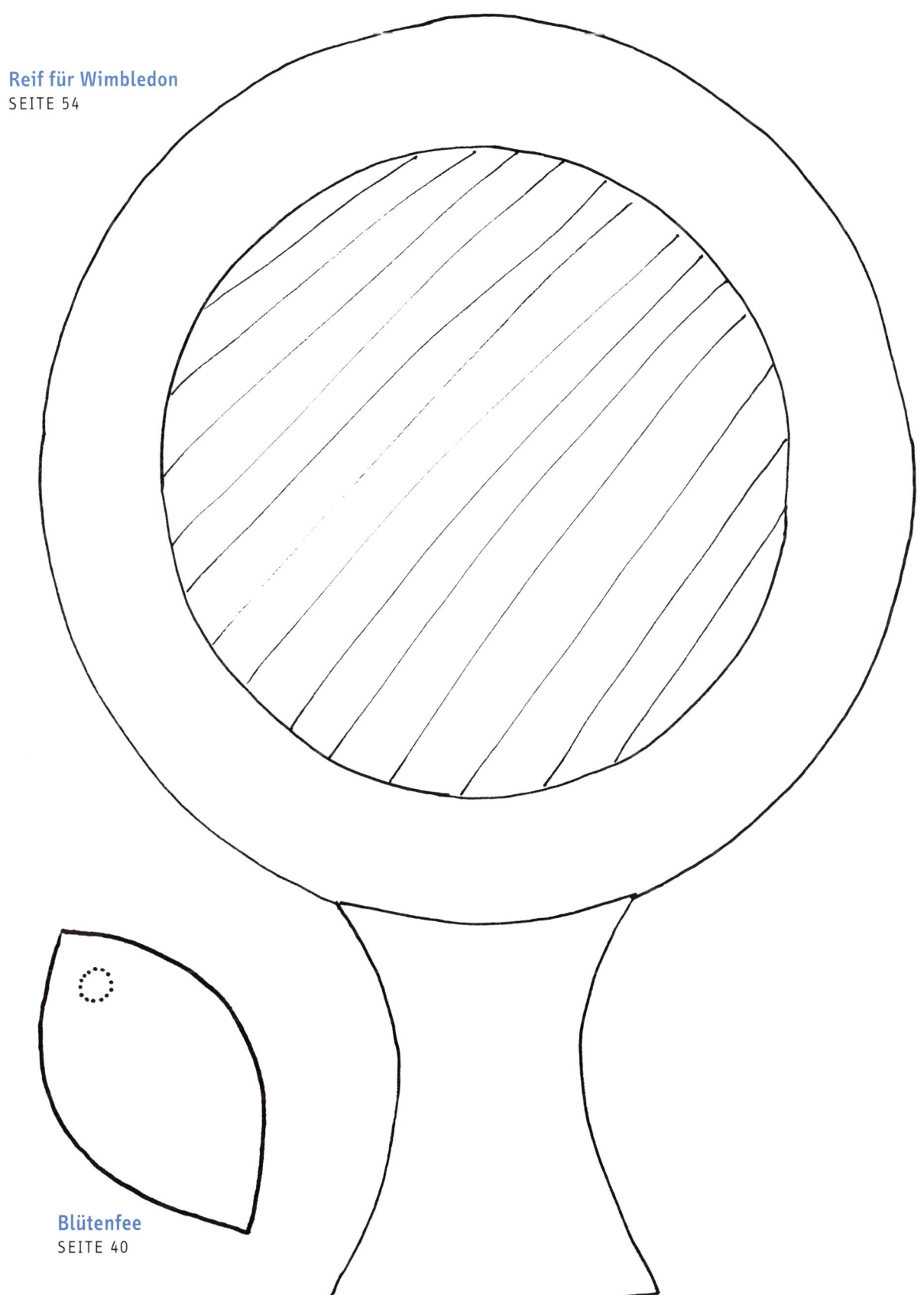

Reif für Wimbledon
SEITE 54

Blütenfee
SEITE 40

Frühlingswiese
SEITE 22
Bitte auf 130 % vergrößern

Nachtigall
SEITE 25

Dracula
SEITE 77

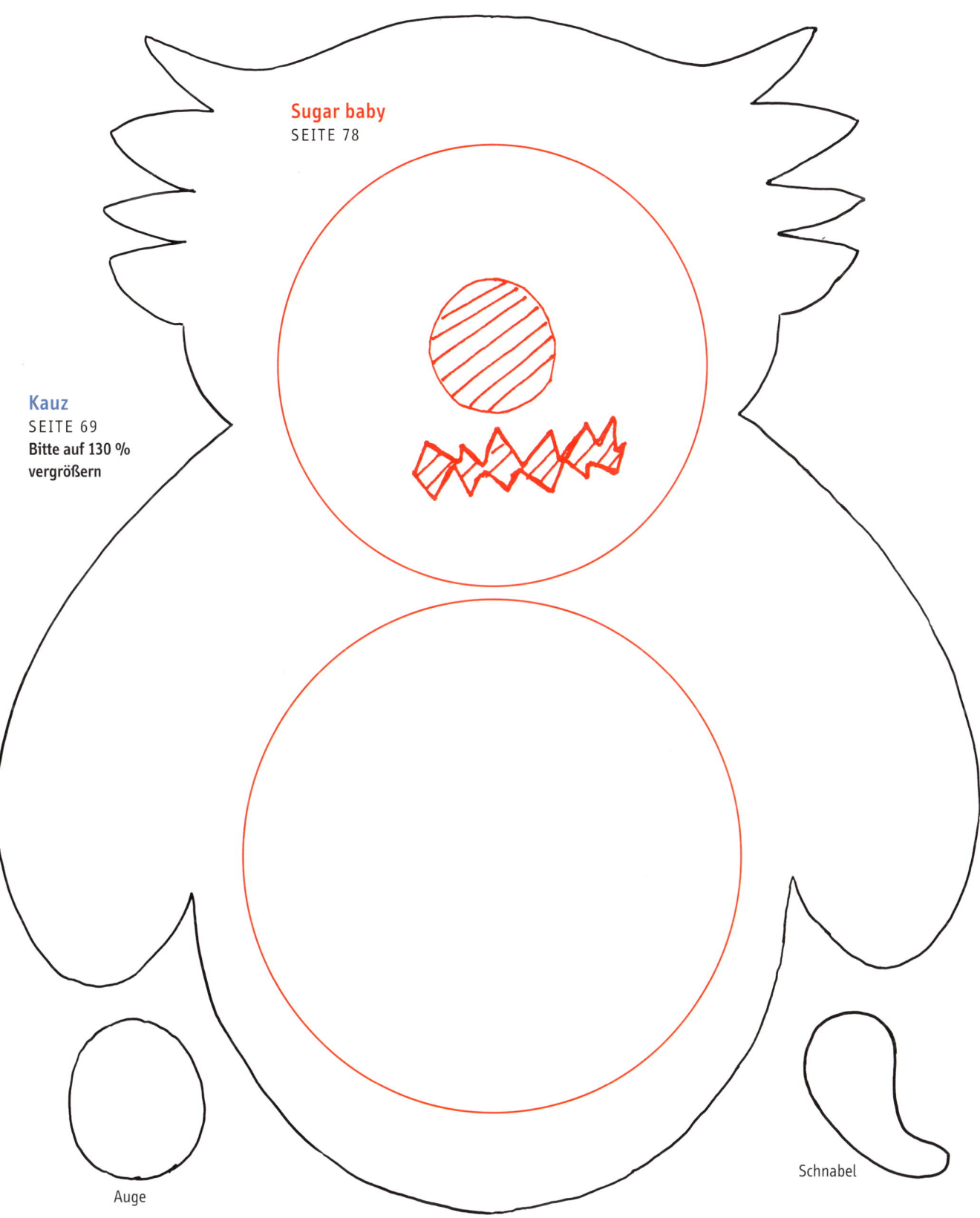

Sugar baby
SEITE 78

Kauz
SEITE 69
Bitte auf 130 %
vergrößern

Auge

Schnabel

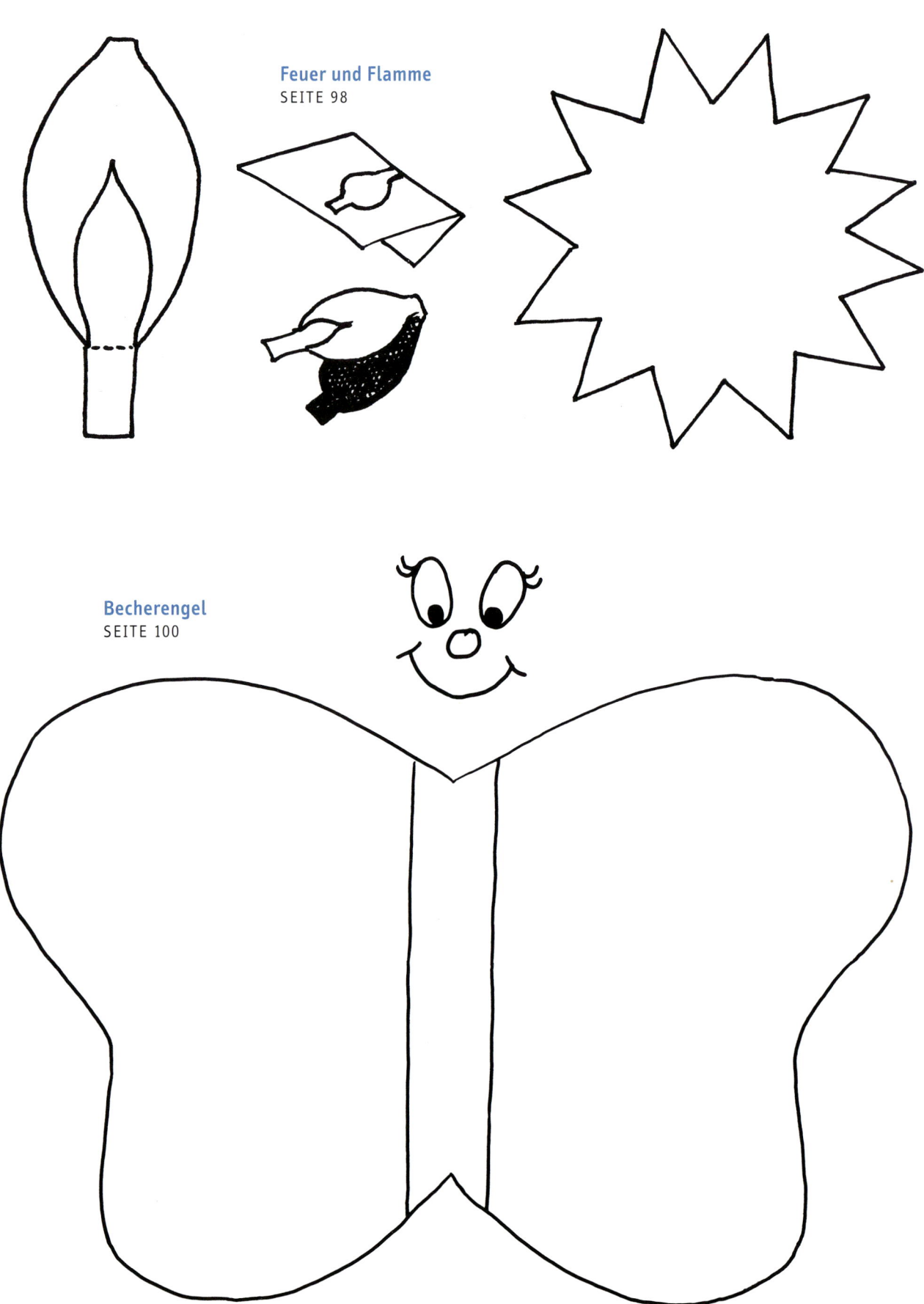

Feuer und Flamme
SEITE 98

Becherengel
SEITE 100

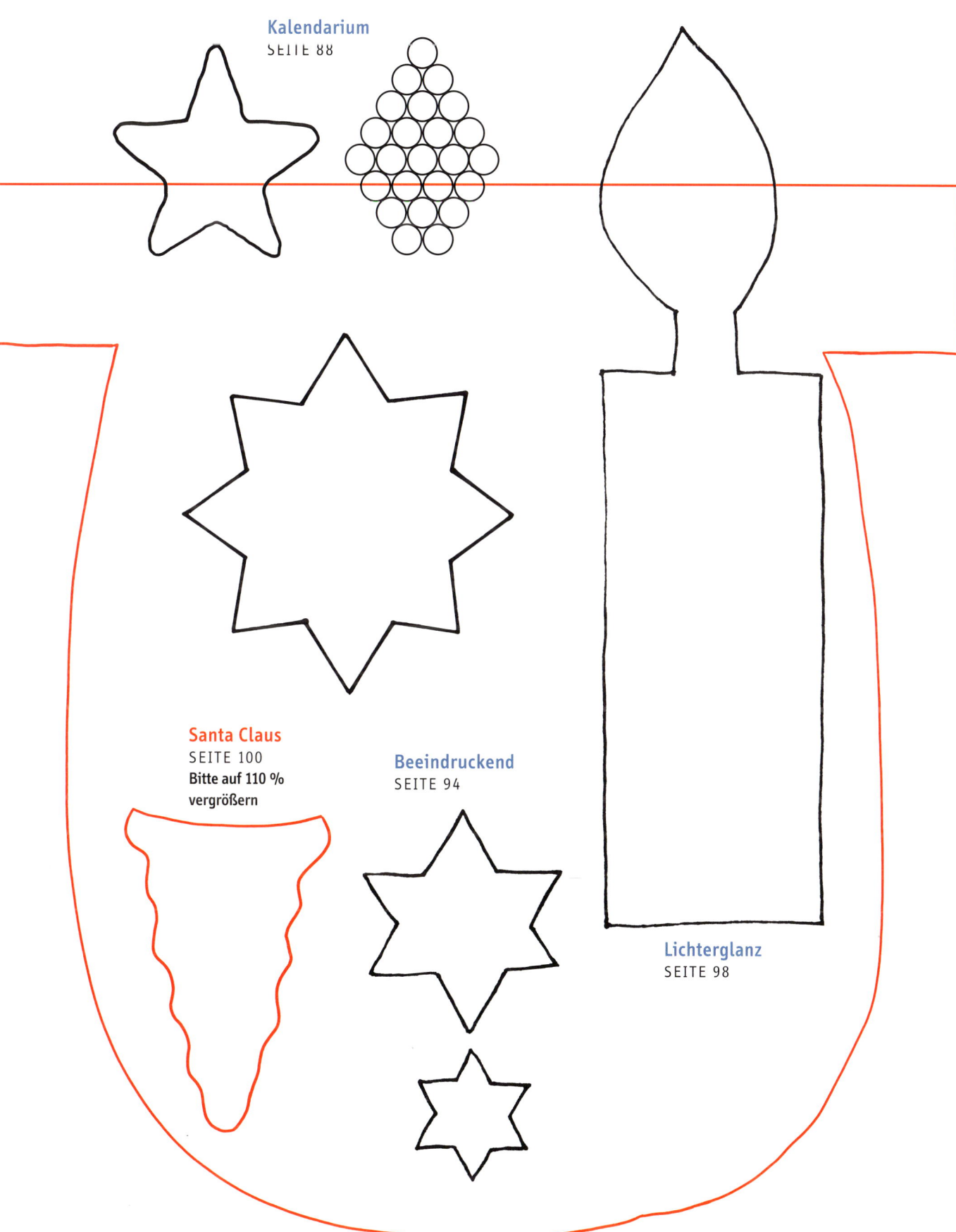

Kalendarium
SEITE 88

Santa Claus
SEITE 100
Bitte auf 110 %
vergrößern

Beeindruckend
SEITE 94

Lichterglanz
SEITE 98

111

Autorinnen

Sabine Koch Ich wurde 1961 in Butzbach geboren und bin gelernte Erzieherin. Schon lange vor meiner beruflichen Tätigkeit bastelte und werkelte ich mit meinen Eltern. Es entstanden Holzarbeiten, Handarbeiten und allerlei mehr. 1998 war es dann soweit: Mit meinem ersten Buch „Perlenpower" wurde ein Traum für mich wahr.

Rena Cornelia Lange Seit 2006 bin ich als Kunsttherapeutin und freie Dozentin selbstständig. Ein herzlicher Dank an alle Kinder meiner Malkurse „Farbe und Fantasie" in Heubach. Ebenso danken möchte ich meiner Mutter, die meine Kreativität von klein auf gefördert hat.

Eva Sommer Ich wurde in Schweinfurt geboren und habe einen erwachsenen Sohn. Als Kindergartenleiterin bin ich mit den Interessen, Vorlieben und Möglichkeiten kleiner Kinder bestens vertraut. Daher habe ich beim frechverlag schon zahlreiche Bastelbücher für Kinder veröffentlicht.

Tanja Wechs Ich wurde in Oberstdorf im Allgäu geboren und habe zwei Töchter. Seit meiner Kindheit male, bastle und nähe ich leidenschaftlich gerne. Diese Hobbys habe ich zum Beruf gemacht und bin heute Lehrerin für Textiles Werken. Mein besonderer Dank bei diesem Buchprojekt gilt Milena und Amelie für ihre tatkräftige Unterstützung.

Die Autorinnen danken den Firmen Tortissimo, Allendorf, Max Bringmann KG, Wendelstein, Rayher Hobbykunst, Laupheim, und Staedtler, Nürnberg, für die umfangreiche Bereitstellung von Materialien.

Für ihre Mithilfe möchten wir uns bei Milena, Amelie, Ariana, Alissa, Henrik, Ediz, Kim und Kim, Maxim, Lina, Yannick, Ediz, Tim Berk, Mark, Johanna, Moritz, Jenna, Marco, Nils, Lars und Emelie und dem Team der Evangelischen Kindertagesstätte Arche in Neu-Ulm bedanken!

MODELLE: Sabine Koch (S. 12, 13, 18/19 (Ei), 24, 30/31 (Tupfentopf), 33, 47, 53, 54, 55 (beide), 60, 61, 77, 78, 94/95 (beide), 98/99 (Siebdruck)), Rena Cornelia Lange (S. 17, 18/19 (Korb), 28, 29, 39, 40/41, 42, 43, 49, 61, 62/63, 70/71, 84, 91, 92/93, 98/99 (Kerzen 3D), 102), Eva Sommer (S. 14/15, 21, 25, 32, 34, 38, 44/45, 48, 56, 65, 67, 68, 73, 74/75, 76, 83, 96/97 (beide)), Tanja Wechs (S. 16, 20, 22/23, 26/27, 30/31 (Säen), 46, 50/51, 52, 64, 69, 72, 82, 86, 87, 88/89, 90, 100/107 (beide)).

PRODUKTMANAGEMENT UND LEKTORAT: Anja Detzel

LAYOUT: Petra Theilfarth

FOTOS: frechverlag GmbH, 70499 Stuttgart; Fotolia (S. 10 otisthewolf, S. 35 Yevgeniy Zateychuk, S. 36 Nicole Effinger, S. 57 Tommy Windecker, S. 58 panther-foto, S. 60 Ruddy, S. 78 Jean Kobben, S. 79 Gerhard Seybert, S. 80 somenski, S. 85 Pavel Losevsky, S. 103 iChip); Sabine Koch (Arbeitsschrittbilder S. 7, 33, 53, 66), Rena Cornelia Lange (Arbeitsschrittbilder S. 6, 9, 29, 39, 40, 49, 62, 70, 91, 93), Lichtblick, Studio für Werbefotografie GmbH, Laichingen (S. Cover, 5, 8, 13, 14/15, 16, 17, 19, 20, 21, 23, 24, 25, 28, 29, 30/31, 32, 38, 40, 42, 44, 47, 49, 50/51, 54, 56, 60, 61, 63, 65, 67, 70/71, 72, 73, 74/75, 77, 82, 86, 90, 92, 100), lichtpunkt, Michael Ruder, Stuttgart (S. Modellbilder Cover, 8, 12, 22, 24, 26/27, 30, 33, 34, 39, 43, 46, 48, 52, 53, 55 (beide), 61, 64, 65, 66, 67, 68, 76, 78, 83, 84, 87, 88/89, 91, 95, 97, 99, 102), Eva Sommer (Arbeitsschrittbilder S. 9, 38, 45, 48, 56, 68, 94), Tanja Wechs (Arbeitsschrittbilder S. 9, 16, 20, 22, 26, 50, 64, 67, 72, 82, 87, 88, 90, 101).

DRUCK UND BINDUNG: Finidr, s.r.o., Cesky Tesin, Tschechische Republik

3. Auflage 2011

PRINTED IN GERMANY

© 2011 **frechverlag** GmbH, 70499 Stuttgart

ISBN 978-3-7724-5658-9
Best.-Nr. 5658